...vrage qui a obtenu une médaille de vermeil au Congrès
des Félibres d'Aquitaine, tenu à Foix le 18 mai 1886.

RECUEIL

DE

NOELS DE L'ARIÈGE

EN PATOIS LANGUEDOCIEN ET GASCON

Précédé d'une Préface et de Règles orthographiques

PAR

LOUIS LAFONT DE SENTENAC

FOIX

IMPRIMERIE VEUVE POMIÈS

—

1887

NOELS

EN LANGUE ROMANE

Ouvrage qui a obtenu une médaille de vermeil au Congrès
des Félibres d'Aquitaine, tenu à Foix le 18 mai 1886.

RECUEIL

DE

NOELS DE L'ARIÈGE

EN PATOIS LANGUEDOCIEN ET GASCON

Précédé d'une Préface et de Règles orthographiques

PAR

LOUIS LAFONT DE SENTENAC

FOIX

IMPRIMERIE VEUVE POMIÈS

—

1887

PRÉFACE

La langue romane pure florissait à l'époque des troubabours, et elle exerça une grande influence sur la poésie italienne et espagnole.

La langue romane vulgaire, qui a joué aussi un rôle brillant, a donné naissance à un grand nombre de poésies, et principalement à des cantiques connus sous le nom de Noëls, « récits naïfs et touchants créés par le peuple et conservés par lui dans le sanctuaire du cœur ; plusieurs ont traversé les siècles et sont venus jusqu'à nous. Transmis de bouche en bouche, le grand-père les chantait aux petits enfants assemblés autour de la bûche traditionnelle, et, eux, à leur tour, ils les apprenaient aux générations suivantes. »

« La Provence, la Bourgogne, la Franche-Comté,

la Normandie, la Bretagne, etc., chaque province a les siens, et tous ont un cachet particulier. »

Ces productions de la Muse populaire, dans lesquelles nos aïeux racontaient, en style simple et naïf, tout le mystère de la naissance de Jésus-Christ et où se réflètent les croyances, les traditions et les mœurs d'un autre àge, forment des œuvres éparses qui se perdent chaque jour.

Ne convient-il pas de recueillir les vieux chants de notre pays, d'en conserver le souvenir et de les faire connaître, à l'exemple de ce qui s'est passé dans plusieurs contrées ?

Les Noëls de notre région méridionale ne sont pas moins intéressants que ceux des autres provinces de France. Nous en avons qui sont conçus dans un style *escarrabillat, gaillard et croustillous* (1), que nous trouverions aujourd'hui un peu risqué, et qui pourtant ne sont que naïfs et empreints d'une foi profonde et d'une franche gaieté. Les uns nous redisent la visite de l'ange Gabriel à Marie, les charmes du nouveau-né dans son humble berceau ; l'arrivée des bergers avec leurs présents rustiques et la foi simple de leur cœur ; l'adoration des Mages ; les autres nous racontent le mystère de l'Epiphanie, ou nous donnent le récit de la fuite en Égypte et le massacre des Innocents.

Toutes ces œuvres modestes de la littérature noëlique, qu'il serait regrettable de laisser tomber dans l'oubli, nous les publions, dans l'intérêt de l'histoire et de la philologie, sous le titre de *Recueil de Noëls en patois de l'Ariège*.

Notre travail renferme des Noëls écrits dans trois

---

(1) Le premier de ces trois mots veut dire *gai et plein d'humour* ; le second *joyeux* ; et le troisième, *plaisant et libre*.

idiomes, et, pour expliquer cette différence de dialectes, nous sommes obligé de faire connaître un petit détail historique qui n'est pas sans importance.

Lors de la division de la France en départements, le petit pays de Foix, auquel on ajouta le Couserans, qui dépendait de la Gascogne, et une partie du diocèse de Mirepoix, qui dépendait du Languedoc, forma le département de l'Ariège.

On conçoit que la réunion au Comté de Foix des deux territoires ci-dessus mentionnés ait introduit dans notre département des dialectes différents, qui sont localisés, il est vrai, et qui, pour être parlés dans un même département, n'en constituent pas moins des dialectes bien distincts.

Nous avons donc pour le département de l'Ariège des Noëls dans le dialecte :

Du COMTÉ DE FOIX (arrondissement de Foix et Pamiers).

Du LANGUEDOC (la partie de l'arrondissement de Pamiers qui appartenait jadis au diocèse de Mirepoix, lequel ressortissait du Languedoc).

Du COUSERANS (arrondissement de Saint-Girons).

Notre ouvrage est divisé en deux chapitres : le 1er comprend les Noëls du Comté de Foix et du Languedoc (diocèse de Mirepoix) ; le 2e les Noëls du Couserans.

Nous nous sommes attaché à faire connaître la provenance de nos Noëls, en indiquant, autant que possible, la date de leur composition, le nom et la résidence de l'auteur.

Pour l'orthographe, nous avons adopté celle de nos philologues méridionaux. L'abbé Couture, Luchaire et Bladé n'écrivent pas *Diou*, *Faouré*, *Fill*, *Païré*, mais bien *Diu*, *Faure*, *filh*, *Payre*, selon l'antique usage.

Pour l'application des règles de cette orthographe, nous donnons le lexique ci-contre, qui a été établi d'après la grammaire béarnaise de Lespy.

Notre publication sera accompagnée d'une petite brochure en autographie contenant la musique de chaque Noël.

Foix, le 6 avril 1887.

Louis LAFONT DE SENTENAC.

RÈGLES

SUR L'ORTHOGRAPHE ET LA PRONONCIATION

DES LETTTRES DE L'ALPHABET

A AU

A, voyelle finale est longue dans certains verbes à l'infinitif (*Paga*), payer ; elle est brève dans l'article féminin *la*, et dans les adjectifs possessifs, *ma, ta, sa* ; il est inutile de charger l'*a* d'un accent grave ou d'un accent circonflexe, pour indiquer qu'il est long. Nous n'admettons l'accent grave que pour différencier *à* préposition de *a* verbe.

Au, forme la diphthongue *A-ou* (*Auta, Aouta*).

B

Le B et le V s'employaient l'un pour l'autre anciennement. Aujourd'hui le B a définitivement prévalu, *Vendre, Bendre*, (Vendre).

C

A la fin des mots et devant les voyelles *a*, *o*, *u*, *c* a le son de *k*, *Castel* (château), *Amic* (ami). On écrit certains mots avec deux *c* qui n'en valent qu'un : *Pecca* (pécher), *Secca* (sécher). C, remplace *qu* devant *a*, *o*, *u*, exemple : *Mousco* (mouche), *mouscalh* (chasse-mouche), *pesco* (pêche).

Les mots que l'on peut écrire avec *ç*, nous préférons les voir écrits avec deux *s* ou un *s*, selon les cas : *Aço*, *Asso* (ceci), *coumença*, *coumensa* (commencer), parce que la cédille était inconnue dans le vieux français.

D

Après une voyelle, *d* final sonne fort comme la consonne *t* : *Caud* (chaud). *D* est muet à la fin des mots, lorsqu'il est précédé des consonnes *n*, *r* : *Accord* (accord), *Secound* (second).

E EU ET

Tous les vieux documents du Comté de Foix, en langue romane, que nous avons consultés, sont sans accents écrits.

Pour la voyelle *e*, il est bon, croyons-nous, d'établir la règle suivante : Au commencement et dans le corps des mots , l'*e* ne doit jamais prendre d'accent : *Escribant* (écrivain), *Bertat* (vérité). L'*e* final, doucement fermé ne doit également porter aucun accent : *Ouncle* (oncle), *Libre* (livre). Dans le Comté de Foix, l'*e* final doucement fermé est très souvent remplacé par l'*o* final : *Carrère* (rue), *Carrèro* ; *pere* (poire), *pero* ; *arme* (arme), *armo*. L'*e* final qui ne porte pas d'accent est ordinairement employé dans les substantifs du genre masculin. On doit mettre un accent grave sur l'*e* final ouvert : *mestiè* (métier), et un accent aigu sur l'*e* final fermé : *tabé* (aussi).

L'*e* final doucement fermé s'élide devant les mots commençant par une voyelle ou un *h* muet : *Libr'utile* (livre utile).

EU forme la dipththongue *E-ou*. Exemple : *Deu* (il doit).

Il faut supprimer le *t* dans la conjonction *et*. Ceux qui le maintiennent s'exposent à faire commettre une faute de prononciation.

F

Cette consonne, qui s'articule comme en français, est supprimée dans le patois de l'arrondissement de Saint-Girons ; elle est remplacée par *h* aspirée.

G IG

La consonne *g* sonne fort à la fin des mots *loung* (long), *sang* (sang). G est muet dans *digt* (doigt).

H

H, dans les arrondissements de Foix et Pamiers est plus souvent muet qu'aspiré : *Home* (homme), *hasard* (hasard). Il est toujours aspiré dans l'arrondissement de Saint-Girons : *Henno* (femme), *hilh* (fils).

I IU

La voyelle *I*, suivie de *m*, *n*, ne se prononce pas comme l'*i* français dans *importer*, *injustice* ; elle sonne toujours comme dans *imiter*, *inerte*. Exemple : *Pintre* (peintre), *timbalo* (timbale). I final sonne fort dans *toupi* (pot), *assi* (ici) ; mais il se fait peu sentir dans la prononciation de quelques terminaisons verbales : *Planti* (je plante), *Canti* (je chante).

IU forme la dipthtlongue *I-ou*, *Diu*. Deux *i* doivent être remplacés par un *y* : *Paiis (Pays)*.

J

J remplace Y devant les voyelles *a, o, u ; joc* (jeu), *junc* (jonc).

K

Cette consonne est employée très rarement.

L LH LL

Toutes les fois qu'un mot nécessite l'emploi de deux *ll* mouillés, produisant la même articulation que *ill*, il est plus conforme à l'étymologie de l'écrire *lh*, exemple : *Bielh* (vieux), *Aurelho* (oreille). Il n'en est pas de même des mots *nulh, exilh* que l'on doit écrire *nul, exil.* Dans le cas ou *ll* ne produisent pas l'articulation de deux *l* mouillés, ils se prononcent comme dans *corollaire* et ne doivent pas prendre d'*h*, exemple : *rolle* (rôle), *rebelle* (rebelle). Il faut aussi ne jamais mettre deux *l* dans les mots où l'on n'articule qu'une de ces consonnes : *Pastourèlo* (pastourelle).

M

La consonne *m* remplace, comme en français, *n* devant un *p* ou un *b* : *Embita* (inviter), *impoussible* (impossible).

N NH

Anciennement on écrivait *Binhe* (vin), *Espanhe* (Espagne). Aujourd'hui, nous écrivons à tort : *Bigno, Espayno.* Le mot *bounhur* (bonheur), fait exception, parce qu'on ne dit point *bougnur.*

O OU OA OE

La voyelle *o* sonne comme l'*o* français au commencement et dans le corps des mots : *Broc* (bâton), *osco* (cran). L'*o* final est long dans les mots *asso* (ceci), *aco* (cela). Quelques mots s'écrivent avec deux *o*, qui se prononcent comme un seul : *soou* (sou), *bioou* (bœuf), mais il vaut mieux écrire ces mots avec un seul *o* et un *ü* (tréma) *soü, bioü*. L'*o* se change en *ou* dans les mots dérivés : *Bosc, bousquet, esclop, escloupiè.*

La voyelle composée *ou* a le même son qu'en français : *Pastou* (pasteur), *coulou* (couleur).

Oa, Oe se prononcent *oua, oue* : *Oeyt* (huit), *quand* (quand). Dites : *Oueyt, quouand.*

P PS

La consonne *p* sonne fort à la fin des mots : *cop* (coup), *cap* (tête). Dans certains cas elle prend la place du *b. Sap* (il sait) pour *sab. P* est muet après la consonne *m* : *Camp* (champ), et devant le *t* : *Septente* (septante). *Ps* sont muets à la fin de certains mots : *toustemps* (toujours).

Q QU

QU remplace *C* devant les voyelles *e, i* : *Abraca* (raccourcir), *abraqui* (je raccourcis).

R

Cette consonne se fait entendre dans *mur* (mur), *sourd* (muet) ; elle ne sonne pas dans *sor* (sœur).

S

Cette consonne s'articule comme *z* entre deux voyelles : *plasé* (plaisir) ; elle siffle comme en français dans *sauta* (sauter) ; *sausé* (saule) ; les deux *s* remplacent le *ç*.

T TH TT

Lorsquelle est précédée dune voyelle, la consonne *t* sonne fort à la fin des mots : *escut* (écu) ;

elle s'efface complètement lorsqu'elle est précédée des consonnes *n*, *r* : *punt* (point) *port* (port). Par exception elle se fait sentir dans quelques mots, *hort* (jardin). *T* prend quelquefois la place du *d*, comme dans *blat* (blé) *blad*.

Les noms propres doivent être écrits avec deux *tt* comme dans *Founetto*, mais les noms communs doivent s'orthographier avec un seul *t* : *coumbatré* (combattre).

U

La voyelle U n'a jamais le son de l'*u* français dans *un* et *parfum* ; elle se prononce toujours comme dans *une*, *humeur*.

U final est long comme dans *ségu*, (sûr). U ne se fait pas sentir lorsqu'il soutient les articulations du *g* et du *q* devant les voyelles : *qualitat* (qualité) *séguit* (suivi).

U sonne *ou* dans les langues d'origine latine, aussi dans le corps et à la fin des mots, faut-il prononcer *u* (quand il suit les voyelles *a*, *i*), comme si elle était précédée de la voyelle *o*. Exemple : *Diu*, *faure*, *bau*, se pronocent *Diou*, *faoure*, *baou*.

V

Cette consonne est remplacée par le B.

X IX IXS

Dans le corps d'un grand nombre de mots, *x*, *ix*, *ixs* se prononcent comme *ch* dans bache : Dans l'Ariège, tous les noms propres ont la terminaison en *ix*. *Soueix*, *Saleix*, *Artix*, *Miropeix*, *Seix*, et la plupart des noms communs sont terminés en *ch* : *bouch* (buis), au lieu de *bouix*; *peich* (poisson), au lieu de *peix*; d'autres s'écrivent avec un *x*, comme *dex* (dix), *aprex* (après).

Y

Dans le Comté de Foix on a remplacé l'*i* par l'*y* toutes les fois que le 1ᵉʳ fait entendre un son mouillé. Exemple : *pairé* (père) *mairé* (mère) s'écrivent aujourd'hui : *payré, mayré*. L'*y* a le ton de l'*i* au commencement et à la fin des mots ; il peut être adverbe et conjonction ; il est aussi pronom comme dans ce cas : *Toco-y se gausos.*

Z

Quelques documents anciens du comté de Foix sont écrits avec un *z*, comme celui-ci : *prégatz, auzel*. Aujourd'hui on emploi l'*s* de préférence, et l'on écrit : *prégats* (vous priez) *ausel* (oiseau). A l'impératif seulement il faut le *z* : *prégatz* (priez).

OBSERVATIONS

SUR L'ORTHOGRAPHE DU PATOIS DU COUSERANS,

ARRONDISSEMENT DE SAINT-GIRONS.

Dans le patois de cet arrondissement, qui dépendait jadis de la Gascogne, la lettre *f* est généralement supprimée, tant au commencement qu'au milieu des mots. L'*f* latin est remplacé par l'*h* aspiré : *Fenno* (femme) fait HENNO ; *truffo* (pomme de terre) fait TRUHO. L'*l* final est changé en u, (ou) : *mal*, MAU, *cel*, CEU. L'*r* est substitué à l'*ll* au milieu des mots ; dans d'autres, il est supprimé. Exemple : *battre* (battre), fait BATÉ.

CHAPITRE PREMIER

I

Anen sans plus tarda,
Sans plus tarda, sans plus tarda,
Toutis per l'adoura ;
Sans plus tarda, toutis per l'adoura !

Qu'un bruch dedins le Cel,
Res de tant bel,
Qu'uno musico !
Quitten nostris troupels,
Joignan-nous as Angels.
A lours dibins councerts, que tout se rejouisco.
Le Diu tant attendut, tant attendut, tant attendut,
Ben per nostre salut ;
Tant attendut, ben per nostre salut.

Embiroun miejo neyt,
Sans foc ni lieyt,
Dins un estable,
Es nescut pauroment
D'uno bierjo jasent.
L'excès de soun amour l'a randut miserable.
    Anen sans plus tarda, etc.

Le Filh de l'Eternel
Quitto le Cel,
Ben dins la crecho,
Cerca le peccadou,
L'y pourta soun perdou.
Admirats soun amour, que sans parla nous precho.
    Anen sans plus tarda, etc.

Dins soun humilitat
Qu'uno beutat !
Qu'es admirable !
L'estat del peccadou
Fa touto sa doulou.
Tout inoucent qu'el es, ben paga pel coupable.
    Anen sans plus tarda, etc.

Regardats soun estat,
El fa pietat,
Qu'uno misero !
Acos per toun peccat,
Qu'es dins la pauretat.
Acos à tas passious qu'El ben libra la guerro.
    Anen sans plus tarda, etc.

Recouneissi moun tort ,
Ah ! que moun sort

Es desplourable !
D'abe tant abusat
De bostro caritat.
Oh ! perme randre hurous bous ex dins l'escla-
[batche.

Anen sans plus tarda, etc.

Moun Diu tout pietadous,
A dous génous
Jou bous adori !
Soun un grand peccadou,
Ajats pietat de jou.
De tant d'iniquitats, de regret jou me mori.
Ah ! perqu'ey-jou peccat, ey-jou peccat,
Ey-jou peccat countr'un Diu tout bountat ;
Ey-jou peccat countr'un Diu tout bountat.

Bous ex moun Creatou,
Moun Redemptou,
Moun tendre Paire.
Jou soun un criminel,
Le filh le mes cruel.
A bostris sants desirs enfi boli me randre,
Cambiats, cambiats moun cor, cambiats
Moun cor, cambiats moun cor,
Bous sirets soun tresor ;
Cambiats moun cor, bous sirets moun trésor.

Counfus, desesperat,
Le cor brisat,
M'aneantissi ;
Le peccat bous desplay,
N'y tournare pos may.

Puléou qué d'y tourna, souffri milo supplicis !
Perdou, moun Diu, perdou, moun Diu, perdou,
Moun Diu, perdou, al paoure peccadou ;
Moun Diu, perdou, al paoure peccadou.

(Ce noël a été composé à la fin du XVIIIe siècle par M.
Lheuillet, archiprêtre d'Ax (Ariège).

II

Celebren toutis à masso
La bountat de l'Eternel
Qu'a quittat le trono del Cel
Per beni pourta la gracio
Al peccadou criminel.

Neyt de felicitat,
Qu'eros tant attendudo !
De ta bouno bengudo,
Que le Cel sio louat.
Ah ! qu'es à nostre grat !
Un Diu fa ta paruro
E touto la naturo
Brillo de soun esclat.
  Celebren toutis à masso, etc.

Le Cel s'es abaychat,
Per releba la terro
De l'estat de misero
Qu'el peccat à causat.
Entr'un Diu irritat

E le mounde coupable,
Ben le Christ adourable
Qu'a tout pacificat.
Celebren toutis à masso, etc.

Le Diu de majestat
S'a causit un estable
Per rendre pus aymable
Le doun d'humilitat.
Se dins sa pauretat,
Trouban nostro richesso,
Counserben sa tendresso
Per nostro puretat.
Celebren toutis à masso, etc.

Nostres mals soun passats,
Nou bersen pus de larmos ;
N'agen pos mes d'alarmos,
Satan es terrassat.
Escapan ays infers,
Sourten de l'esclabatge
Qu'un plus hurous partatge,
Les Cels nous soun dubers.
Celebren toutis à masso, etc.

Le mound'ero perdut
Per un funeste crime,
Le salbo de l'abime
Diu del Cel descendut.
Per nous ben s'incarna,
Fini nostro disgracio ;
Soun amour nous fa gracio,
Al loc de coundamna.
Celebren toutis à masso, etc.

Sion toutis ressemblats
Pres de l'Efant aymable ;
D'un bienfait ineffable
Canten la majestat.
Jous l'ayre d'un mourtel
Es un Diu que se catcho,
Coumo un Agnel sans tatcho
Sus l'auta eternel.
        Celebren toutis à masso, etc.

Jesus qu'abets boulgut
Les pastous e les anjos,
Per canta las louanjos
De la neyt qu'ets nescut,
Aprenets-nous coussi
Deben nous-autres mêmo,
De la bountat suprêmo
Le sant noun benasi.
        Celebren toutis à masso, etc.

O Jesus, fil de.Diu,
Adourable Messio,
D'uno raço cherio
Fets la counsoulatiou.
Bous ayman tendroment,
Siots dounc nostre boun paire.
Preserbats-nous de caire
Jusqu'al darre moument.
        Celebren toutis à masso, etc.

(Ce noël a été composé à Pamiers).

III

A l'Efant aymable,
Canten un nouël,
Per pourta les fers de l'home coupable
Le Diu de toutjoun es home noubel. (Bis).

Le Cel descend sur la terro,
La neyt brillo de clartat ;
La pax ben cassa la guerro,
Un Diu pren l'humanitat.
De flous le printens nous douno ;
Le gra nous ben de l'estiu,
Le bi rajo de l'autouno :
Mes l'hiber nous douno un Diu.
    A l'Efant aymable, etc.

O merbeillo noun auzido,
Un estable es le palaich,
Bethlem, la bilo cauzido,
Oun Diu d'uno bierjo naich.
El mespreso la courouno,
Soun trono es un pau de fe,
D'aqui cependant el douno
A toutis les Reys sa le.
    A l'Efant aymable, etc.

Augissets le chor des anjos
Que dins lous charmans councerts
Nous announço las louanjos,

Del Mestre de l'unibers.
Que l'infer dounc trefousisco ,
Que Satan sio counfoundut,
Que l'home se rejouisco ;
Jesus naich per soun salut.
A l'Efant aymable, etc.

Adam, nostre premier paire,
Abio fayt nostre malhur.
Del se d'uno bierjo maire
Espelis nostre bounhur.
Per rendre nostr'àmo hurouso,
Uno noubello jasen,
Briso la testo ourgullouso
De l'houmicide serpen.
A l'Efant aymable, etc.

Bictimo de la coulero
De Diu le paire irritat,
El embrasso la misero,
Filho de nostre peccat.
L'amour, la misericordo,
Dins el se soun rancountrats ;
Dins el, un poutet accordo
La justiço ambe la pax.

A l'Efant aymable, anen ouffri nostr'houmatge,
A Jesus nascut per nous,
Dounen-ly tout sans partatge,
Car es un mestre jalous.

(Ce noël a été composé à Pamiers et mis en musique par M. Lartigue, professeur de musique au collège de cette ville).

IV

Jous aqueste fulhatge,
Benets pastourelets,
Joignets-bous al ramatge
Des tendres auselets.
Canten l'Efant aymable,
Le mestre de la mort,
Que neich dins un estable
Per cambia nostre sort.

Prengan nostros houlettos,
Menen nostris moutous,
Ufflen nostros musettos
De cent milo cansous.
Celebren la neychenso
D'el fil de l'Eternel,
Qu'ainsi dins la souffrenso
S'es feit home mourtel.

Le Rey de tout le mounde
Y bol neich'humbloment,
Per laba l'hom' immounde
Se met dins le tourment.
Sa cour es fort mesquino
Per soulatgea soun mal,
Sa persouno dibino
N'a que dous animal.

Glorio bous sio dounado,
Maire del pur amour,

Sur la paillo couchado
A Diu dounax le jour.
Sans bres ni couberturo,
Per un fret rigourous,
L'autou de la naturo
Souffris milo doulous.

Que tout se rejouisco
Sur terro, dins le Cel,
Le Diu de la justiço
Nous douno un frut noubel.
Dins nostro joyo extrêmo,
Pourten-ly nostris bes,
E renden le Cel mèmo
Jalous d'aques plases.

(Ce noël a été composé à Pamiers).

V

O Saubur adourable
Que dins un paure'stable
Es boulgut neiche per amour,
Dins le Cel tout aymable
Pouscant nous bese un jour.

Que tout sio dins la joyo
Un efant es nascut
Le Cel le nous emboyo
Per fe nostre salut.
      O Saubur adourable, etc.

Pastous ausets les anjos
Que descendent del Cel
Per canta las louanjos
D'aquel efant noubel.
    O Saubur adourable, etc.

Anen toutis en masso
L'y douna nostre cor,
El le bol a la plasso
De tout autre tresor.
    O Saubur adourable, etc.

Renden toutis houmatge
Al Diu nascut per nous,
Dounen-l'y sans partatge
Un cor dount es jalous.
    O Saubur adourable, etc.

(Composé au commencement de ce siècle par un prêtre d'Ax).

VI

Un Anjo del Cel mandat,
La Reyno del Cel a saludat :
Mario, Mario, Mario,
Bous serets Maire de Diu,
May bostré cor s'humilio,
May mérito d'estre siu.

Aprex abe councebut
Jesus nostre gauch, nostre salut,
Rousento, rousento, rousento

De l'amour de soun Efan,
Ba bisita sa parento,
Per y bénasi san Jan.

Dins nau meses hors del se
Jesus es nascut dessu le fe.
Les Anjos, les Anjos, les Anjos,
Les Princes, é les Pastous
Benen canta sas louanjos,
Coumo d'humbles serbitous !

Dins le Temple presentat,
Mario per nous l'a recattat.
Noubelos, noubelos, noubelos,
Rejouis-te, criminel,
Pel prex de dos tourtourelos
Se douno le Diu del Cel.

Douctou passat à doutz'ans,
El rabis les pétits é les grans,
Couratge, couratgé, couratgé :
Diu nous bé esclayra touts,
S'a tal fa dins soun jouen atgé,
Qu'in lum fara sus la Croux.

(Composé vers le milieu du XVIIᵉ siècle par le R. P. Amilha, chanoine régulier de Saint-Augustin, dans l'Eglise cathédrale de Pamiers).

VII

Le Fil de Diu es descendut
Per recatta l'home. bendut
Per un petit boussi de poumo
A Satan que l'abio tentat,
E soun sang a fournit la soumo
Que l'y douno la libertat.

Soun amour s'es assujetit
A l'home qu'ero ta petit,
L'oubrie dejous sa creaturo ;
E' per te rendré milhou siu,
Dins le se d'uno mairé puro
Se fec homé per te fa Diu.

Aquel gran Diu de majestat ;
Per te leba, s'es acatat,
E' s'es mes al dejous de l'Anjo ;
E' per un coumplimen noubel,
S'es loutjat dins un'orro granjo
Per nous loutja dedins le Cel.

Dins houeit jours a layssat la pèl,
Afi d'estalbia soun troupel,
Soun amour qu'a las poupos plenos,
Que nou poden jamay tari,
Nous dounec soun sang per estrenos,
Coumo s'ero prest a mouri.

Uno Biergo l'a présentat,
E' dins le Temple recattat,
Amb'un parelh dé Tourtourellos ;
Per moustra coussi soun amour,
Recatto las amos fidelos,
Qué plouron la neit et le jour.

Herodes regagno las dens,
E' massacro les Innoucens
Per perdre le Fil de Mario ;
Mes helas ! nostro banitat
Exerço la mèmo furio
Countro sa dibino bountat.

Jesus à l'atge de doutz'ans,
Al Temple counfoun les pus grans,
Sa Douctrino qu'es un Esclaire,
Lour fa bese coussi l'on diu
Oublida le Paire e la Maire
Per fa la boulountat de Diu.

Per l'instrucciu des Innoucens,
El boulguec quitta sous parens,
Mentre que la Bierge transido ;
Que nou sap re d'aquel secret,
D'abe perdut le Diu de bido,
Mor touto bibo de regret.

Per fa bese qu'aprex les plours
Diben espera soun secours,
Aprex tres jours de soun beusatge,
Aquel Soulel tant attendut,
Pu bel l'y mostro soun bisatge,
Que d'aban de l'abe perdut.

Per moustra que l'humilitat,
Es ta pu ritjo qualitat,
Despey doutz'ans dusquios à trento,
A boutiquo d'un fustié
T'apren de biure dins sa crento,
En t'aquitan de toun mestiè.

Digne de toutos las aunous,
El s'es abaissat may que nous.
Couro per soulatja sa mero
El arrengo soun oustalet,
Couro per countenta le Pero
De mestre se fasio bailet.

Per moustra que la jubentut
Diu s'exerça dins la bertut,
Quan bex un souq dins la boutigo,
El le suspeso de dus bouts,
En se soubenin, tant l'y trigo,
Qu'un jour el diu pourta la Croux.

(Composé vers le milieu du XVIIe siècle; par le R. P. Amilha,
chanoine régulier de Saint-Augustin, dans l'Eglise cathédrale
de Pamiers.)

VIII

A la naü, naü, à san Salbayre (bis)
Uno capeleto y a
Le noum de Jesus,
Uno capeleto y a
Jesus Maria.

Un capela y canto messo (bis)
Nou ya digus per l'assista
Le noum de Jesus,
Nou ya digus per l'assista
Jesus Maria.

Nou ya que sa bouno mèro (bis)
Que la capo y ba leba
Le noum de Jesus,
Que la capo y ba leba
Jesus Maria.

Dichats aco ma bouno mèro (bis)
Aco n'espos à bous à fa
Le noum de Jesus,
Aco n'espos à bous à fa
Jesus Maria.

Aco's à un efant d'escolo (bis)
Cajo sept ans e estudiat
Le noum de Jesus,
Cajo sept ans e estudiat
Jesus Maria.

Alucara las tres lampettos (bis)
Que soun sus l'auta
Le noum de Jesus,
Que soun sus l'auta
Jesus Maria.

Les angelous me porton l'ostio (bis)
E la pauson sus l'auta
Le noum de Jesus,
E la pauson sus l'auta
Jesus Maria.

A la bay bas soun mes de milo (bis)
Tant à pè coum'à cabal
Le noum de Jesus,
Tant à pè coum'à cabal
Jesus Maria.

Les d'à cabal que tant caminon (bis)
Les d'à pè nou poden pla
Le noum de Jesus
Lés d'à pè nou poden pla
Jesus Maria.

Ce cantique a été longtemps chanté à Foix le jour de Noël, à l'occasion de la dévotion que les habitants de cette ville faisaient jadis à la chapelle de Saint-Sauveur (San Salbayre).

La tradition nous apprend que la chapelle de Saint-Sauveur fut bâtie sur le pic de la montagne de ce nom en l'honneur de saint Volusien, patron de la ville de Foix, vers le milieu du VIe siècle. Ce cantique, qui est très connu des vieillards, a été composé vers le commencement du XVIIe siècle.

D'après une légende sur la chapelle de Saint-Sauveur, dont il existe encore des ruines, saint Volusien descendait tous les ans du Ciel pour dire la messe de minuit à cette chapelle inaccessible, et c'était la sainte Vierge qui lui servait d'enfant de chœur.

Le 8e et le 9e couplets donnent une idée de l'affluence des fidèles qui venaient des environs se prosterner au pied de la montagne et assister de cœur à cette messe.

IX

Anem, pastous, toutis à masso,
Adoura Nostre Segnet
Dedins l'estable ount se glaço
Aneyt que se mort de fret.

E sense demoura gaire,
Anem ouffri nostres cors
A l'efant e à la maire
Se n'abion d'autris tresors !

bis.

Les tres reyses soun à l'estable
Que porton calque present
Al toustou ques tant aimable
A la dibino jazen.
Anen-y toutis en troupo
E prengan nostre fioulet,
Besiten le rey que poupo
E canten Nouelet.

bis.

Peyrot qu'enten la musico
Passara tout d'abant
Ame l' pastou Doumenico
Que fara le cor courdant.
Guilhaumet fara la basso
Ame Geordis et Miquel,
En fen le tour de la plaço
Cantaren qualque Nouel.

bis.

Quand siren dabant la porto
Nous boutaren a canta,
Toutis d'uno mêmo sorto,
Sans brico nous discourda.
Diren en nostre lengatge :
Bibo le rey des pastous !
Bibo le rey des mainatchés !
Qu'aneyt es nescut per nous.

bis.

(Ce Noël, composé à Foix, date du XVIIIᵉ siècle).

X

L'Angel sus la mountagno
E tabes dins la plano,
Canto le Diu nescut
Per fè nostre salut,
E bengut sus la terro
Per y fini la guerro.

Nous merita la glorio,
Nous douna la bictorio,
Nous fè doumpta l'infer
Al mes fort de l'hiber.
Aquel Diu admirable
Es nescut dins l'estable.

Mario, dins l'allegresso,
L'embrasso, le caresso,
E tabes l'aujoulet
Le met dins sa capetto
Touto blanco e caudetto
Per le garanti del fret

Ja tout le besinatge
Ben per l'y rendr' houmatge,
E pastous e pastouros,
Lebadis a doutz' houros,
Ja l'an recounègut
Dins l'estable tout nut.

Chrestias, s'em' boulets creze,
Nous aus le pouden bese

Coumol's pastous sur la fe,
Dins l'Ucaristio
Capela e oustio
Am' les els de la fe.

(Noël languedocien du milieu du XVIIIe siècle).

XI

Jousepet que ne boü camiso,
Jousepet que n'es tout nudet;
Jousepet que ne boü culottos, camiso
Jousepet que n'es tout nudet.

Jousepet que ne boü matelotto,
Matelotto, culottos, culottos,
                         Camiso,
Jousepet que n'es tout nudet.

Jousepet que ne boü un gipou,
Un gipou, matelotto, culottos,
Culottos, camiso,
Jousepet que n'es tout nudet.

Jousepet que ne boü caussettos,
Caussettos, un gipou, un gipou,
Matelotto, matelotto, culottos,
Culottos, camiso,
Jousepet que n'es tout nudet.

Jousepet que ne boü garroutieros,
Garroutieros, caussettos, caussettos,

Un gipou, un gipou, matelotto,
Culottos, culottos, camiso,
Jousepet que n'es tout nudet.

Jousepet que ne boü sabatos, sabatos,
Caussettos, caussettos, garroutieros,
Garroutieros, matelotto, matelotto,
Un gipou, un gipou, un gipou
Culottos, culottos, camiso,
Jousepet que n'es tout nudet.

Jousepet que n'en boü yos bouglos,
Sabattos, sabattos, caussettos, caussettos,
Garroutieros, garroutieros, matelotto
Matelotto, un gipou, un gipou,
Culottos, culottos, camiso,
Jousepet que n'es tout nudet.

Jousepet que n'en boü michettos,
Michettos, yos bouclos, yos bouclos,
Sabattos, sabattos, caussettos, caussettos,
Garroutièros, garroutieros, matelotto,
Matelotto, un gipou, un gipou, culottos,
Culottos, camiso, camiso e barret,
Jousepet que n'es tout nudet.

(Noël composé dans le comté de Foix vers le milieu du
XVIIIe siècle.)

XII

Rebeillo-te Guilhem,
N'auzes pos l'anjo que crido.
Es bengut del' naut del Cel,
En l'aunou del' fil de Mario,
Pastourelet, canten Noël.

Malgré nostro pauretat,
Be m'y cal douna l'estreno
De qualque moutou floucat
Ou de qualque fedo
La mes bello del' troupel.
En l'aunou del' Fil de Mario,
Pastourelets, canten Noël.

Tout en gardan les moutous
Le loung de la pradetto,
Ne culliren qualques flous,
A la Bierjo sans pareillo
N'en pourtaren un ple capel.
En l'aunou del' Fil de Mario,
Pastourelets, canten Noël.

(Noël de la Basse-Ariège du XVIIIe siècle).

XIII

A Bethleem, dins un estable,
A nescut un toustounet,
Sense perno per l'estroupa
Am' un bioü per le rescalfa
Sus la paillo, tout adourable,
Trouban aquel agnelet.

Coussi, dins tant de misero
Le que poudio neyche dins l'or,
Es bengut tant pauroment,
Mes per soun countentoment,
El receu nostro priero
Quand la fasen de boun cor.

Preparen-nous en diligenço
A celebra coumo cal,
Dins la joyo de nostr'àmo
L'Efant benit de Nostro-Damo,
Que nous porto l'esperenço
Aquesto neyt de Nadal.

(Noël du XVIIIe siècle, chanté à Foix.)

XIV

Aneyt es nescut
D'uno Bierjo mèro
Un efant tout nut
Que n'a cap de pero,
Un efant pla bel
Qu'es le Rey del Cel.

Y pouyrion pourta,
Per fè nostr'ouffrando,
Un bel tros de pa,
(Que saint Jean nous rando),
Le mès bel agnel,
De tout le troupel.

Un tisou humid,
Quand es al foc plouro,
Le toustou poulit
Plouro en aquest'houro
Del'grand foc d'amour
Que le brûlo tout jour.

(Noël composé à Foix vers le milieu du XVIIIᵉ siècle.)

XV

Un anjo, despey mièjo neyt,
Rodo sus la mountagno ;
Anem beyre ce que s'es feyt
Metten-nous en campagno
Pastoureletos e pastous,
Bers nostre Diu tant amistous.

Estendut sus un pauc de fe
Le beyren que tridolo,
Sa mairetto jous soun se
En l'escalfan lé counsolo ;
Se abion un troussel
Per estroupa le Rey del Cel.

N'en que de paouros gens
Biben en tristesso,
Diu qu'a feyt l'or e l'argent
Nou bol pos de richesso,
Diu qu'a feyt l'argent e l'or
Reclamo pas que nostre cor.

Le paradis es taloment grand
Que toutis y pouyran caure
Y pouyran caüré l'artisand
Le riche e may le pauré,
Le peccadou, se n'es countrit
Del Cel sira forobandit.

(Noël du XVIIIᵉ siècle, connu dans les environs de Foix).

XVI

Escoutats, pastourels,
Uno grando noubello
Tant charmanto, tant bello
Que counton les angels,
Un efant adourable
Ben per nostre salut,
Es tout a fet aimable
E dins un pauré estable
Per nous aus es nescut.

Dichen nostres troupels,
Mettan-nous en bouyatche
Per beyre le mainatche
E siegan les angels.
La pax es sus la terro,
Nous aus bous l'announçan
Y aura pos pus de guerros,
De troubles, de miséros,
Ni règne de Satan.

Dichen nostres moutous,
Prengan nostros houlettos,
Flajoulets e troumpettos,
N'ajan pos poü des loups.
Glorio sera dounado
Al'seignou tout puissent,
E la pax desirado
Es tabes accourdado
Al juste, al penitent.

E cado pastourel
Escouto la musico
E canto le cantico
Que canton dins le Cel :
Bous serets nostre paire,
Nostre unique tresor,
Faren tout per bous plaire ;
Nous coustara pos gaire
De douna nostre cor.

Oh qu'es grando l'aunou
D'estre fabourisadis
E d'estre preferadis
Al' riche, al seignou.
Dichen nostros houlettos,
Canten aires noubels,
Ame las clarinettos,
Flabuttos e musettos,
Que canton les angels.

(Noël composé à la fin du XVIIIᵉ siècle. — Basse-Ariège.)

XVII ᵃ

Diu es nescut a mièjo neyt,
Dins un estable, sans lieyt,
Sans briqueto de foc
Dins uno granjo,
Caüso estranjo,
Tant triste loc.

Quand les tres reyses ac'an sabut,
De l'Orient s'en soun benguts,
Uno estello les coundousic,
Dins las mountagnos,
Per las campagnos,
Lous trelusic.

Quand les tres reyses soun arribats
An troubat pertout la pax,
Tant à la terro coum'al'Cel,
Causo noubello,
Bello merbeillo,
Per tout mourtel.

(Noël de la Basse-Ariège du XVIIIe siècle.)

XVIII

Aneyt, al prumie son,
Grand brut en d'acon,
A dounat l'alarmo,
Yeü è durbit moun eil,
Ai bist un angel,
Poulit, plen de charmo.

Yeü be me soun lebat,
E tout adenouillat,
Sus la mêmo plasso,
Miey mort e miey biü,
Y ei dit : Angel de Diu,
Que boulets que fasso ?

M'a dit d'ana à Bethleem,
Toutis e tantis qu'en,
Car la bierjo sacrado,
Per un grand cop del' Cel
Del Fil de l'Eternel
Aneyt s'es accoutchado.

Un bioü e un bourriquet
Escalfon l'Efantet,
Ame lour douç' aleno.
Mario a soun Toustou,
D'ame soun coutillou
Y paro la sereno.

Un Diu nous es bengut,
Aneyt es nescut
Al founs d'aquel barri :
Anguem l'adoura,
Apey nous dounara
Ce qu'es necessari.

Ça dits Jean, le ranc,
Me baou mettre dabant
Per fa moun ouffrando,
Beleü, per sa bountat,
Ou per sa majestat,
Me garira la camo.

Jean s'en es tournat
Pla escarrabillat,
Le sourd am l'auzido,
Le mut en cantan,
E l'abugl' al dabant
Sans besoun de guido.

(Noël du comté de Foix, composé au XVIIIᵉ siècle.)

XIX

Pastourels, pastourellettos,
Fasets bité, benets leu.
A miejo neyt sus las paillettos,
Tout entourat de neu
A nescut un Efant aimable
Que toutis deben adoura.
Sa neychenço a cassat le diable,
Se le cresen nous salbara.

Tres reyses d'estranjo terro
Benen y ouffri lour tresor ;
Herodo y fa la guerro,
En loc d'y douna soun cor,
Le cerco pertout per le mettre
En peço coum' un agnelet,
La Bierjo le ba remettre
Entre las mas de l'Aujoulet.

(Noël du comté de Foix, composé au XVIIIᵉ siècle.)

XX

Gardats las goueillettos, les moutous es
    Un Efant à l'estroup   [braüs,
D'uno Bierjo maire es nescut per nous aüs
    Per nous salba del loup.

D'aquello Bierjo maire nostre Efant es sourtit
 Sense cap de doulou,
Coum' uno bello roso, dins un jardi flourit
 Espeillis del' boutou.

Partiscam toutis en joyo,
Anem dreyt à Bethleem,
N'es pos cap de faribolo
Ce qu'entendem e que besem.
Seguiscam aquel' estelo
Que nous mostro le cami,
Se courren autant qu'elo,
Y seren dema mayti.

Jean, le pastre, se desolo
E sap pos coussi fara,
A l'esclop sense gransolo
E le sap pos gransoula,
Per marcha dessus la glaço
Aco ja l'espaürio prou
A caouso d'uno crebaço
Que l'y te tout le talou.

Jeano presto-me ta grouilho,
Te prendras le miü esclop,
Deicho biste ta counouilho
E marchen al grand galop.
Elo marcho d'un boun ayre
Bien que digo le reproubiè
Que nou poden rima gayre
Un esclop am'un souliè.

(Noël du XVIIIᵉ siècle chanté dans la Basse-Ariège).

XXI

Ay ay, qu'ino brandido,
Tout l'Ifer a tramblat,
L'autur de nostro bido
Sus terro es debalat :
Deja de poou ganido
Le demoun descarat.

Aco's fait d'el sur terro,
N'a res plus à gagna,
Macat de l'anco esquerro
Coumenço à ranqueja;
Baliscol droumadèro,
Be ly faran sounja.

Un Efant tout aimable,
E' tout ple de douçou,
Aneyt, dins un estable
Fa bese à sa grandou,
Qu'es un Diu redoutable
Nascut pel peccadou.

Courran pastous a masso
Randre nostros aunous
Al Diu que sur la glaço,
Per Adam malurous,
Dejous uno bourrasso
Souffris milo doulous.

La neu e la tourrado,
Sense n'abe pietat,

Dan la biso glaçado
Countr'el an coûnjurat;
D'un soul bioou l'alenado
Le ten escalfurat.

Per coumble de misero
El es couchat pel sol,
En buto à la coulero
Del mal tens que lyn bol,
Sans bres, ni couissiniero
Flessado, ni linsol.

Dins aquelo pousturo
La Maire del Nenet
(Bierges qu'es touto puro)
Per ly bira le fret
Dins soun se l'escalfuro,
E'l ten arrucadet.

Benido sio la Maire,
De qui le se piusel,
D'un Diu fa nostre fraire
Que nous douno le Cel,
Canten touts d'un bel aire
Noël, Noël, Noël.

(Noël languedocien, composé vers la fin du XVIIᵉ siècle.)

XXII

Adouren touts aquel Mainatge,
Aquel Mainatge qu'es ta bel,
El soul nous pot douna couratge,
De mounta d'inquios al Cel,
Besets bousaus aquel Mainatge,
El salbo l'armo et rabis leil.

Pastourels, ço que may m'agrado,
Es qu'aymo fort nostres troupels,
Augissets qu'ino douço albado,
Augissets canta les Angels,
Hurouso neyt, neyt fourtunado,
Dount nays le Rey des Pastourels.
    Adouren touts aquel Mainatge, etc.

Petit Efan ques nostre mestre,
Tu n'es plus un Diu rigourous,
Be mostros pla que benes estre,
Per nous aus un Diu amourous,
Encaro que sios nostre mestre,
Tu te fas home coumo nous.
    Adouren touts aquel Mainatge, etc.

Coussi le que nous douno l'estre,
Pot tant ayma les pecadous,
Quel nasco dins un loc campestre,
Oun nous aus gardan les moutous,
E quel bengo al mounde per estre
L'Agnel que diu paga per touts.
    Adouren touts aquel Mainatge, etc.

(Ce Noël a été composé au XVIIe siècle. — Dialecte languedocien.)

XXIII

Nas pas augit la noubelo, (bis)
Que jou beni de sabe,
Qu'uno Filleto piuselo, (bis)
Ses ajagudo sul fe.

Miquel se me bouillos creyre, (bis)
Sense countesta lountens
Dambe jou l'anirios beyre, (bis)
Dins l'oustal des quatre bens.

Es nascut dins un estable, (bis)
Le Rey de nostres troupels,
Aquel Toustounet aymable, (bis)
Tout entournejat d'Angels.

Le Bernad, dins sa coutgeto,
Ly pourtara de bi blous,
L'Ysabè dambe sa desqueto,
Calque parel de capous.

Le Jouan ambe l'Anneto,
Saludaran la Jasen,
E' sounaran un albeto,
Quant pourtaran lour presen.

Le Jousep tout boulugetos,
Prenda dins un pagneret,
5 douzenos de poumetos,
Per fa rire l'Efantet.

Le Louis que tout employo,
Prendra d'argen de billoun,
E' sa sor barbo d'anchoyo,
De pernos per cado joun.

Quan seren dins l'estable,
Saludaren la Jasen,
Que prègue l'Efan aymable,
Que nous mené al salbomen. Atal sio.

(Ce Noël languedocien, remonte au XVIIᵉ siècle.)

XXIV

Qu'unos belos causos,
Se canton oungan,
Anen sense fa de pausos
Beze un ta poulit Efan.

Qu'es dins un estable
Couchat sur de fe,
Per nous se rend miserable,
El qu'a fait tout de nou re.

Sa maire l'embrasso,
L'y douno poupa,
E' n'a pas cap de bourrasso,
Soulomen per l'estroupa.

Le bioou de sa leno,
Escalfo l'Efant,
La mulo se met en peno,
Per ne poude fa autant.

Le se es sa coulseno,
Un roc soun couici,
Le pauret pren uno peno,
Que le met en gran souci.

La porto es duberto
De cado coustat,
La granjo s'es descuberto,
Le tourris s'es despallat.

La fusto qui resto,
E' que millou ten,
De toumba es toutjoun presto,
Taleu que fara gran ben.

Quan jou m'en soubeni,
Le cor se m'en ba,
De pecca iou me reteni,
Per de bes Diu me trouba.

Moun Diu que sur terro,
Abets tant souffert,
Fazets qu'aprets tant de guerro,
Bostre Cel nous sio dubert.

(Composé en 1673. — Dialecte languedocien.)

XXV

Pastourels quitats leu la prado,
Angan bese le toustounet
Nascut d'uno Bierges sacrado

Per nous aus tridolo de fret,
Pastourels quitats leu la prado
Angan bese le toustounet.

Le troubaren dins un estable
Couchat dessus un pauc de fe,
Per nous aus es ta miserable,
El es qu'a fait tout de nou re,
Le troubaren dins un estable
Couchat dessus un pauc de fe.

El es nascut dins la pauriero,
Per nous aus paures pastourels,
El es bengut per fa la guerro
Al gran Loup garou des troupels,
El es nascut dins la pauriero
Per nous aus paures pastourels.

Nabets pas augit aquel Anjo
Que disio qu'enta Berdoulet,
Se besio uno causo estranjo
Yèro nascut un Diu nenet,
N'abets pas augit aquel Anjo
Que disio qu'enta Berdoulet.

Aquo nous diu douna couratge
De l'ana leu tira d'el fret,
Pourten li l'estroup d'un mainatge
Calque bourrasso ou beillet,
Aquo nous diu douna couratge
De l'ana leu tira del fret.

Ça douncos que cad'un si fasso,
A soulatja aquel toustou
Qu'es nascut aneys sur la glaço,

Per le salut del peccadou.
Ça douncos que cadun si fasso
Per soulatja àquel toustou.

Angan leu toutis d'uno bando,
Anaquel Diu le remercia,
Tout d'un tens quicom per ouffrando
Per qu'es bengut per nous salba,
Angan leu toutis d'uno bando
Anaquel Diu le saluda.

Quand seren dins aquel estable
Caldra toutis tira l' berret,
E adoura le tant aymable,
Bailla présens à l'Aujoulet,
Quand seren dins aquel estable
Caldra toutis tira l' berret.

(Noël languedocien, composé vers la fin du XVIIᵉ siècle.)

XXVI

LES ANGES

Noël ! Noël ! oh quel bonheur !
Jésus est né, venez tous, qu'on l'adore !
Noël ! Noël ! oh quel bonheur !
Jésus est né, portez-lui votre cœur.

JEUNE BERGER

Qu'un sou charmant esclato dins la plano,
Qu'uno clartat sus l'estable lusis,

Sourtets, pastous, quittats bostros cabanos,
Benets joui d'uno neyt qué rabis.

VIEUX BERGERS

Les els, amic, la neyt fan bimbarelos,
Tu beses luns quand tout es atudat,
Les bouraties an brandit las esquelos
Garo t'aqui le sou que t'a charmat.

JEUNE BERGER

Jou soun pas sourd ; n'entendi pas d'esquelos,
Mès des angels le pus charmant councert,
Mous els pla nets me fan pas bimbarelos
Besi fort pla le Cel qu'es tout dubert.

VIEUX BERGERS

Calo-te dounc, soun pas que babardisos,
Perdes toun tens, sautan pas ta mayti ;
Gardo per tu de bisious tant poulidos
Fermo l'establ' et daysso-nous dourmi.

JEUNE BERGER

Couro s'es bist' uno talo pigresso !
Lebats-bous dounc, tout lusis dins le Cel ;
Le qu'aymo Diu n'a ni fret ni paresso
Lebats-bous dounc et fermats le troupel.

VIEUX BERGERS

Bejan, bejan... oy, moun Diu, qu'un miracle !
La neyt fa jour ; les anjos soun ayssi ;
Qu'un bel councert; qu'un rabissen spectacle!
Pastres, benets e ba bese e b'ausi.

LES ANGES. — CHOEUR

Gloire au Très-Haut, qui dans les cieux habite,
Paix aux humains ! un Dieu sauveur est né ;
Allez, bergers, son amour vous invite
A l'adorer en ce jour fortuné.

VIEUX BERGERS

Oh ! grand merci de la bouno noubelo !
Gentils angels, faren ce qu'abets dit
Et leu de pes, bestit nou, capo belo,
Benen, benen a l'estable benit.

CHOEUR

Dins la granjeto
Cal bese de dintra,
De la Bierjeto
Per soun Fil adoura (bis).

D'ame nostres esclops
Tusten dous ou tres cops,
Beleu que qu'alqu'anjeto
La porto durbira
De la granjeto.

LES ANGES

Dans Bethléem, au milieu d'une étable,
Vous trouverez et la mère et l'enfant ;
La pauvreté couvre son corps aimable ,
L'humilité cache le Tout-Puissant.

CHOEUR

Dins la granjeto
Bel efantet, arribats sus la terro

Per nous pourta la pax et le salut.
Bey de la mort la daillo se desferro,
Bey le demoun a soun prouces perdut.

> Oy qu'uno festo !
> Aymen, pastous,
> Jesus, la Bierjo,
> Jousep, les Anjelous (bis).

Toutis benen adoura ta neychenso,
Ourna toun bres de las pus belos flous,
A la Bierjo nostro recouneychenso
Et nostr'amour al Grand Diu des Pastous.
> Oy ! qu'uno festo !
> Aymen, pastous, etc.

(Noël languedocien composé vers la fin du XVIIIe siècle.)

XXVII

Dins la granjeto
Cal veze de dintra,
De la Vierjeto
Cal le Fil adoura.
Ambe nostres esclops,
Tusten dous ou tres cops,
Beleu que qualqu'anjeto
La porto douvrira
De la granjeto.

NICOLET

Chut !... Avex bravomen tustat :

Le vieil tout arrucat s'estouno ;
Mais le Poupounet encantat
Y fa sinne de la manouno ;
Et, per nou pas le fa ploura,
Le vieil y dits que douvrira.

SAINT-JOSEPH

Yeu nou soun qu'un charpentie,
Espous de Mario,
Maire del' Messio ;
Yeu nou soun qu'un charpentie
Del Fil de Mario
Paire nouyricie.

CHOEUR

O charpentie vertuous,
Espous de Mario,
Maire del Messio !
O charpentie vertuous
As pes del' Messio
Coundousissex-nous.

SAINT-JOSEPH

Grand merci del' coumplimen,
Mais anem pu douçomen.
Bénets trop maiti,
Nous cal dourmi ;
La bouno débouciu
N'es pos sans discrétiu ;
Attendex que sio jour
Per fa bostro cour
Al' Diu d'amour.

(Noël chanté dans le Comté de Foix. — XVIIIᵉ siècle).

XXVIII

Anem, pastourels,
Al's cants des anjels
Mélen les Noëls.
A miejo neyt, quand tout soumeillo,
L'anjo del' Cel que nous rebeillo
Nous anounço, pastous,
L'urouso neychenso
Que rend l'espérenço
As peccadous.

Qu'uno douço lumiero
Aneyt nous eblouis !
D'ount nous be sus la terro
Le soulet que lusis ?
                        Anem, pastourels, etc.

Aneyt, pastous, bous pourtan la noubello
Qu'à Bethleem un mainatche es nescut :
Nou crégnats pas dins uno neyt tant bello
Car le Saubur dins le mound' es bengut.
                        Anem, pastourels, etc.

Salut à tu qu'eros tant attendudo,
O bello neyt, espouer del peccadou,
Que l'unibers de ta bouno bengudo
Loue soun Diu, soun Rey, soun Creatou.
                        Anem, pastourels, etc.

Per delibra tout le mounde coupable,
Le Rey del Cel, le Diu de Majestat

Per soun palaych a causit un estable
Et soun cor le doun d'humilitat.
Anem, pastourels, etc.

Unissen-nous al' s canticos des Anjos
Per adoura le Fil de l'Eternel,
Anem, couren le coumbla de louanjos
Et le prega que nous doune le Cel.
Anem, pastourels, etc.

Diu es bengut habita sus la terro
Per délibra le mounde de sous fers,
Del' peccadou per cassa la misero
Et de soun sang racheta l'unibers.
Anem, pastourels, etc.

Paure, souffrent et coulcat sus la paillo,
Malgre le fret de la rudo sasou,
Perl's peccadous soun cor d'amour tressaillo,
Car sa bountat éclipso sa grandou.
Anem, pastourels, etc.

Prousternen-nous al's pes de l'humblo crècho
Que Jesus es le trôno d'amour !
Ah ! qu'el es dous ! soun silenço nous prêcho
Que nostre cor es al' Cel sans retour.
Anem, pastourels, etc.

Reyno del Cel, o dibino Mario,
Bous que boulets per nous aus, peccadous,
Que dins le Cel, l'immourtello patrio,
Toutis un joun y regnen ame bous.
Anem, pastourels, etc.

Bous supplian, o·Reyno d'espéranço
De prega Diu, Jesus, nostre saubur,
Qu'ajo pietat de nostro chero Franço,
De sous peccats et de nostre malur.
              Anem, pastourels, etc.

Fèbles mourtals, adouren en silenço
Le Diu del'Cel nostre liberatou,
Per nostres cants celebren sa neychenço,
Que l'unibers adore sa grandou.
              Anem, pastourels, etc.

(Noël chanté à Pamiers et composé au XVIIIᵉ siècle).

XXIX

        Es Nadal, poble pious,
        Es l'Anjo que t'appelo,
        Ah ! se sios fidelo
        Que tu seras urous.

Oy ! qu'aquel appel es dous !
Perque dounc tardats, pastous.

Oy ! qu'aquel cant es poulit !
Perque dounc sios endourmit.

Oy ! qu'un brut fan les angels !
Perque dounc fan clucla les els.

Oy ! fa jour à miejo neyt,
Perque dounc demoura al' leyt ?

Oy! benen les angelous,
Sauto, sauto, paressous.

Oy! nous cridon dins le Cel,
Fermen biste le troupel.

Oy! toutis dins Bethleem
Ame les anjos arriben.

Oy! Jesus es tant paurot
Es pitchou, dit pas un mot.

Oy! qu'es grand et qu'es urous
Le que bayso sous penous.

Oy! qu'es pur et qu'es urous
Le quel'pren dins sous brassous!

Oy! bal may souffri la mort
Plus leu qu'atrista soun cor.

Oy! qu'un mal es le peccat!
Ah! que del' cor sio cassat!

Oy! toutis le fugiren
E Diu toutis aymaren.

(Noël languedocien du XVIIIe siècle.)

XXX

Rebeillo-te, pastourel,
Aujo l'angel (bis).
Del' Cel que crido

Nostre Segnou
Que troubaras (bis)
Per ta fabou.

Noun pas en cap de maysou
De segnou (bis),
Nou y es pas counegut ;
Le troubarets dins un estable
Ount es nut (bis)
Coum'un miserable

Quand les pastous an sabut
Qu'èro tout nut (bis)
An courrut e y an feyt,
A denouils e de grapos,
Un petit leyt (bis)
Ame sas capos.

Le prumie qu'es arribat
S'en a cridat (bis)
Qu'un bel goujat, pastourellos,
Tout nut su la paillo !
Que las estellos
L'y fan faillo.

Nostre Segne, se bous plats,
Perdounats (bis)
En aques paures pastourels
E a las pastourellettos,
Bostres agnels (bis)
Louros fautettos.

Layssats, en les salban,
Bostre sang (bis)

Sus l'auta, dins le calici,
Raja, dibin' oustio,
En sacrifici (bis),
Fil de Mario.

(Noël languedocien composé au XVIIIᵉ siècle.)

XXXI

Les pastous al' pourtal
Ausits l'ausel que canto
A la neyt de Nadal,
Se rejouis e les coumando
E lous y a fiulat :
Pastous, rejouissets-bous
Qu'aneyt es nat
Le saubadou de touts.

En Bethleem es nascut
Dins un paur' estable,
Atal ac' a boulgut
Aquel Diu adourable ;
Dins la grepio,
Sus l'herbo l'an mes ,
Uno peyro
Y serbio de bres.

Aqui le troubarets
Ame sa santo maire
Que Bierjo l'a' nfantat ;
Es un Diu qu'es soun paire,

4

Le Mestre tout-puissen ;
E gagno grand tresor
Qui debouciousomen
Le serb' am' pauretat de cor.

Tabe qu'es descendut
Trobo la cour celesto
D'aquel noubel bengut
Que meno grando festo
E l'adoron
Tout jour sans cessa
E l'y canton
In cœlis gloria !

Anem-y dounc, pastous,
Ame rejouissenço,
Anem, à dous genous,
Adoura la neychenso
D'un Diu que bol nous plase ,
Anem, couytats-bous leu,
Y troubarets un ase
Accoumpagnat d'un boueu.

Ça dits le majoural
Be farion grand' foulio
De nou fai ço que cal
En aquel grand messio ;
Be semblo que farion
Grand manquomen
Se nou fasion
Qualque presen.

Ça disec Peyroutou :
D'un' affectiu for grano,

Tout ce qu'ai de millou
Dedins nostro cabano,
En nou retardangayre
Be l'y caldra ouffri
Suito que la siu maire
Be l'y pouyra serbi.

Ça disec Catala :
Jou dis' en moun lengatge
Que l'y deben pourta
De bure e de froumatge,
De nostre millou leyt ;
E se nostre besi
Cerco ce qu'aben feyt,
Garats-le-bous ayssi.

Dounc, apresten-nous leu,
Pr'abans qu'el' joun se fasso,
Ça lous diguec Miqueu,
Jou pourtarai la biasso ;
Nou farets sense jou,
L'y respoundec Balen,
Pr'aco qu'el' miou sarrou
Es fier d'aquel presen.

Fiulats, les pastourels,
Entrats dedins la tuto,
Prenets les flajoulets,
Le pifre, la flabuto
E dins Bethleem
Anem jouyousomen,
En aqui troubaren
Le Diu-puissen.

Ero encaro net,
Quand elis soun entradis
Dins aquel establet,
De la fe esclayradis,
En le couneyssen pla,
Am' grand' humilitat,
Toutis ban adoura
Sa dibino bountat.

A doüs genous mettuts,
Disen en lour lengatge :
Moun Diu, ayssi benguts
Bous rendren nostr'houmatge ;
Bous dounan, ja qu'es pur,
Le cor, tout ço qu'haben
E per nostre Segnur
Ja bous reçouneguen.

De bous boulen habe,
O sapienço dibino,
Per nostro boun boule,
La le e la douctrino.
E p'raco bous pregan,
Per garda bostro fe
Que tout jour secudan
Bostre dibin poude.

Preserbats-nous al' mens
Des malhurs meritadis
Agreats les presens
Que bous aben pourtadis ;
Counserbats-les per bous
Seloun nostr' intentiu

E aprets dounats-nous
Bostro benedictiu.

Bierjo qu'abets pourtat
Le grand Mestre del mounde,
Faits-nous la caritat
Que la gracio y abounde
Un jour que nous doune
Plaço dedins le Cel,
Qu'en attenden nous garde
Las loumbos del troupel.

(Noël languedocien, composé vers le milieu du XVIII⁰ siècle.)

XXXII

Pastourelets, rebeillats-bous
Et quittats oueillos e moutous ,
Dins Bethleem an entendut
Qu'a arribat uno noubèlo
Que nostre Diu ero nascut
D'uno maire piuselo.

N'as pos entendut, tu Paulet,
Aco ero ben miejo neyt,
Un angelet que cantabo
Ambe nous playre
Et dins sa bero boux,
Fasio retrouni l'ayre.

Anem dounc Pey et Ramoun,
Anem nous bese oun soun.

Digats que pourtaran à la siu mayetto
Que l'y pesco agrada ?
Que l'y doune la poupeto.

Aro quin faran ala
De layssa tout soul le bestia ?
Jou nou m'en chaut
Jou de poü nou ai gayre
Quauque jou sabio aneyt
Oun es aquet bet esclayré.

Quand nous seren à l'estable ?
Puisque canque marchen anet
Que dounaren à la mayetto ?
Que l'y pesco agrada ?
A que l'y doune la poupeto.

Cadun de nous fusquec rabit
De bese un Diu tant poulit,
E la seu may en presenço de nous
Tabes s'emerbelhabo
Que de nous autris pastous
Fouresse bisitado.

Adiu siats, Mario, Jousep
De bous aus prenguen counget.
Les presens, per nous benazi,
Que bous aben pourtadis
Garats-les bous ayssi
Les bous aben layssadis.

E pus quand en sourtits d'aqui,
Tres Reys passabon per l'cami
Et toutis de les regarda

Que anabon grand suito
Elis anabon adoura
Le Fillet de Mario.

Grand Diu ajats pietat de nous,
N'en que de paures pastous
Bous pregan al mes leu
De boule bous soubengue
Qu'ala naut dins le Ceu
Be nous bouillats recebe.

(Noël du XVIII° siècle. — Dialecte languedocien)

XXXIII

Rebeillo-te le boun malbat,
Canten Noël
A dit l'Anjeu
Qu'aneyt es nat
Le Diu del Ceu.

Aquet Anjeu ma segurat
Que le hillet qu'aneyt es nat
Clar ero coum' le bet joun ;
Per le veray
La plus belo henno del' moun
Es la sio may.
          Rebeillo-te le boun malbat, etc.

Despachen-nous, nou musen tant
Aro Peyrot boutot' dabant,
Se nou caminan may

Plus vitomen,
Le hillet, la siero may
Auran talen.

  Rebeillo-te le boun malbat, etc.

E beyren quand seren ala
Qui mes bet present l'y fara ;
Peyrot a dit que l'y bol da
Leu tardibail,
E you tabés l'y boli da
Le mieu brespail.

  Rebeillo-te le boun malbat, etc.

You tabes porti dins moun sarrou,
De moun froumatge le millou,
De millas un tros pla bet,
Cueyt al payrol ;
Jou le boli da à Jousep
Le boun aujol.

  Rebeillo-te le boun malbat, etc.

Jer, se mouric un agnel
E you l'y boli da la pel
A la sio may la boli da,
D'aquel hillet
Et que l'embeloupara pla,
Que n'aj' heret.

  Rebeillo-te le boun malbat, etc.

You besi Jousep le pauret,
Que cresi que morio d'héret
Al' pe del' hoc tout assietat,
Sus un tisou
De millas l'y doun' un plat
Qu'habio'n sarrou.

  Rebeillo-te le boun malbat, etc.

You fusqueb' emerbeillat,
Quand besebi tant bet goujat
Bau dise à Jousep se l'y play
Quel'me dounes;
E me diguec à la sio may
Quel' demandes
Rebeillo-te le boun malbat, etc.

Digats, henno, se bous play,
Ça digueri à sa may,
Boulets-me da bostre tresor,
You l'en prendre
E l'en fareï, après ma mort,
Moun herete.
Rebeillo-te le boun malbat, etc.

La bouno henno me diguec :
Quand te dario you moun hillet
Fado sirio praquet grand soun ,
N'at crejos pas :
Per tout le be que n'es al moun
Nou l'auras pas.
Rebeillo-te le boun malbat, etc.

Adiu Mario, adiu Jousep,
Nouyrissets pla bostre hillet,
Counget prenguen d'et, dé bous aus,
E bous pregan
De l'he bremba de nous aus
Quand sera gran.
Rebeillo-te le boun malbat, etc.

(Ce noël, du XVIIIe siècle a été composé dans la partie du
Comté de Foix qui avoisine le Couserans. — Le dialecte est
plutôt Gascon que Languedocien).

XXXIV

Nous habets fernat
Sus aquelo noubèlo,
Aneyt es arribat
Qu'uno Bierjo mèro
A habut un hillet
Pla poulidet.

Aco's le fil de Diu
Qu'a pres nostro naturo
Es plus leu mort que biu
Del' fret per nous qu'enduro
A l'home delibrat
De tout peccat.

Toutis y soun anats
Jusquos à la maynado
Toutis se soun lebats
Per y fe l'acoulado,
Per estren'y douno Janet
Le seu bounet.

Cathalino l'estroup,
L'aujolo la bourasso,
Jeano la pet de loup
Ount tout la neyt s'ajasso.
Al' pe del' mur tout nut,
Es estendut.

Jousep, le boun fustie,
O paire caritable,

Que usats del' mestie,
Curbissets-me l'estable,
Que nou doune bent
A la jazent.

(Noël du Comté de Foix, composé au XVIIIe siècle).

XXXV

Diu es nescut !... Le Cel es sus la terro !
Pople a genous ! Adoro toun Saubur !
Tout l'Unibers brillo de sa lumiero
Que rend la pax, la joyo, le bounhur.

Qu'unis councerts rejouissen nostr'amo
Quand dins le Cel es tout silencious !
Embirounats d'uno dibino flamo,
Oui, nostre cor, aneyt, se sent hurous.

Crestias, aneyt tout retentis
Del's cants noubets del' Paradis,
Et nostre cor se rejouis
Dins uno neyt que nous rabis.

Glorio a Diu, nostre souberen mestre,
Pax al's humens de bouno boulentat !
Les peccadous sans el cessarion d'estre,
Fèbles mourtals, exalten sa bountat.

A miejo neyt, dins un estable,
Le Diu del' Cel neych miserable
Per delibra le mounde de sous fers
Et de soun sang racheta l'Unibers.

Al's canticos des anjos
Unis-te dounc, mourtel,
Per coumbla de louanjos
Jesus, le rey del' Cel.

Que tout se rejouisco,
Et que l'infer fremisco,
Aneyt Satan es counfoundut,
Jesus ben fè nostre salut.

Le Fil de l'Eternel
Es bengut sus la terro
Per cassa la misero
Et nous douna le Cel.

Aneyt, per sa neychenso,
El nous rend l'esperenço,
Un joun, per soun amour,
D'habita soun sejour.

(Noël du XIXe siècle, composé par Duprat, sabotier, Pamiers.)

XXXVI

Nadal ! Nadal ! Nadal !
Nadal ! pastous
Rendra hurous
Les peccadous.
Nadal ! Nadal ! Nadal !
Canten Nadal ! Canten Nadal ! Canten
[Nadal ! Canten Nadal !

Quand jou dourmio, dins ma pauro cabano,
Uno clarou m'a feyt drebe les els ;
Gayti qu'un foc illumino la plano
Car le souleil n'a pos rayouns parels !
Pourtant es neyt ; le joun luto pos encaro
Per que, pastous, l'ouscuritat se perd ?
Le Cel se dreb, l'unibers se preparo
A escouta l'angelico councert.
        Nadal ! Nadal ! Nadal ! etc.

Perque, pastous, aneyt, dessus la terro,
Habets doun poou en fan bostre mestiè ?
Nou craignets-pas, car aquelo lumiero
Rejouis le mounde tout entiè ;
Es le Saubur tant predit per l's proufètos
Qu'a Bethleem aneyt bous es nascut ;
Praco, pastous, dedins bostros retrètos,
Un joun sans neyt per El a parescut.
        Nadal ! Nadal ! Nadal ! etc.

Paure, souffrent, es nescut miserable,
Le Tout-Puissent, le Fil de l'Eternel ;
Benets, pastous, beyre dins un estable
Diu qu'a dubert le rouyaume del Cel !
Tout prets d'ayssi, al' pe de la mountagno
Le troubarets sus soun trono d'aunou ,
El bous aten et bous bol per coumpagno
Sans plus tarda, benets-y tour a tour.
        Nadal ! Nadal ! Nadal ! etc.

La pauretat a troubat sa richesso
Dins le reduit que bous aus habitats ;
Et per que dounc seriots dins la tristesso
Quand dins le Cel bous semblo que regnats ?
Oui de Satan toutis erots esclabos,

Per sous peccats le mound'ero perdut !
Jesus aneyt, en brisan tant d'entrabos,
Bous dits : « Pastous, le Cel bous es rendut. »
   Nadal ! Nadal ! Nadal ! etc.

Approuchats dounc de la crecho sacrado
Ount es nescut le Diu de Majestat,
Prets d'el aneyt passarets la bellado
En l'adouran dins soun humilitat ;
El a quittat le trono de la Glorio
Per racheta le mounde criminel ,
Toutis en cor disen à sa memorio :
Nadal, pastous ! Ah ! qu'un charmant Nouel !
   Nadal ! Nadal ! Nadal ! etc.

Prep de Jesus tout nostre cor palpito
D'amour, de fe, de joyo, de bounhur,
Tout l'Unibers, aqui oun el habito
Recounaitra soun Diu et soun Saubur.
Unissen-nous, celebren sa neychenso,
Anges del Cel que coumpousats sa Cour,
Prousternen-nous, adouren sa présenço,
Que tout mourtal exalte soun amour.
   Nadal ! Nadal ! Nadal ! etc.

Canten Nadal et le Diu qu'el prouclamo,
Canten Nadal, l'espouer del peccadou ;
Canten Nadal, que rejouis nostr'amo,
Canten Nadal, noste liberatou ;
Que tout mourtal, fier de sa delibrenço,
Doune a Diu le trono de soun cor,
Et, per festa sa dibino neychenso,
Canten Nadal, crestias, toutis en chor !
   Nadal ! Nadal ! Nadal ! etc.

(Noël du XVIIIe siècle, composé par Duprat, sabotier, Pamiers).

XXXVII

Y a doutze jouns qu'ets abertis
Per Diu, pastous et pastourèlos,
Qu'un Diu es nescut per l's petits,
Que las estelos soun plus bèlos.

Benets toutis ensemble
Canta dedins le temple
La cansou de l'amour
Qu'el bol per soun retour } (bis).

Les tres reyses de l'Ourient
Deja soun partits, un'estèlo
Benguec a la plaço del bent
Lour dire de counta sus elo.

Las baquos n'an doublat lour leyt
E las anjos soun descendudos ;
La plejo, la neu per aneyt
E per bous aus soun suspendudos.

Sans foc, sans leyt, sus un paille,
Le troubarets, prets de sa maire,
Dins la paillo, sus un taulie,
Tout nut, fresquet et de boun ayre.

Aqui beyrets sous coumpagnous,
Le bioou, le bourriquet que bramon,
Estounats des brillens rayouns
Que de soun bisatge s'esclamon.

Gaytats-le pla ; soun cap fa joun
Coum'un souleil dins soun estable
Bous demando pas qu'un bounjoun ,
Y a pos degus de tant aymable.

Adourats-le, car es bengut
Per nous tira de la misero ;
Per nous salba fara pos brut
Ni mes per bous dire ce qu'ero.

Quand chez bous aus boun tournarets,
Soubenets-bous d'aquel mainatge,
Amb'el al Cel arribarets,
De Diu el es le soul image.

Le Cel, estelos, le souleil,
La terro, les pobles, les reyses,
Bestios, per el tout es pareil (1),
Et tout passo pes memos peses.

(Noël du XIX⁰ siècle, composé par le docteur M. B., de
Pamiers.)

XXXVIII

Pastourels de la Judeo,
Benets toutis de legn,
Benets entendre la noubelo
Que Diu es nat en Bethleem (bis).

(1) Il n'est pas permis de dire que, *dans le Mystère de la
Rédemption*, la création matérielle, les bêtes et les chrétiens
tout est pareil. — L'humanité seule est rachetée.

Les pastourels toutis rabidis,
An entendut aquel abis,
L'angel que bous y cantabo
Gloria in exelsis Deo ! (bis)

Les pastous soun arribats
Dins l'estable oun es la pax,
Nostre Messio y an troubat
Debotomen l'an adourat (bis).

Les tres reyses dabant cercabon,
L'estèlo per dabant marchabo,
(Car nou troubabon le cami),
A Bethleem les coundousic (bis).

A la fi s'es arrestado
E sus l'estable s'es coulcado
Ount le Messio es nescut
Dins la grepio tout nut (bis).

Les tres mages soun intradis
En aquel paure toudis,
Le Fil de Diu y an troubat,
Dins la grepio l'an adourat (bis).

La Bierjo s'er' accouchado
A la neyt mièjo passado,
L'efant Jesus èro nescut
Dins la grepio tout nut (bis).

Les pastous eron arribats
Dins las capetos estroupats ,
Le Messio abion troubat
E grandomen adoura (bis).

E la maire ero attristado
Que n'abio ni foc, ni flassado,
Per n'estroupa le maynat,
Les pastourels n'abion pietat (bis).

Jousep habio accoumpagnado
Nostro sant' accouchado
Dount le fil ero nescut
Dins la grepio tout nut (bis).

Jousep, noble trabaillaire
Del Fil de Diu ero le paire,
Que d'uno bierjo èro nescut
Dins la grepio tout nut (bis).

(Noël languedocien du XVIIIᵉ siècle.)

XXXIX

De nostro delibrenço
Nadal es le grand joun,
Le cor ple d'esperenço,
Oui, cantaren toutjoun
Aquelo grando festo
Que porto le perdou,
De la citat celesto
Al' paure peccadou.

O douço neit, ta splandou immourtèlo
Fa tressailli nostre cor de bounhur ;
Per tu del cel receben la noubèlo
Qu'à Bethleem es nescut le saubur.
De nostro delibrenço, etc.

A'mièjo neit, uno grando lumièro
De tout coustat esclayrec l'unibers
E les angels descenduts sus la terro
Fasion ausi lours charmants councerts.
    De nostro delibrenço, etc.

Al' soul aspect que douno la naturo,
Pastres, troupels, tout tremblo de frayou :
Mais autant leu qu'un anjo les rassuro
N'an pos mes poou de lour apparitiou.
    De nostro delibrenço, etc.

(Noël du **comté de Foix** du XIXe siècle.)

XL

Pastous, qu'uno merbeillo
A james sans pareillo
Dins le Cel appares,
Qui nous dira ce qu'es ?
Oh, moun Diu soun les anjos
Que canton de louanjos
E nous disen : Pastous
Mettets-bous a genous ;
O mous brabes amics,
Nou siots pos espaurits
Qu'aneyt dessus la terro
Brillo uno lumièro,
Un Diu bous es nescut
Per fe bostro salut.

Le souleil s'es lebat mayti,
Pastourels, cal pos mes durmi ;
Se fa joun e la neyt escuro
Disparech de sus la naturo,
E pourtant n'es pos miejo neyt)
Perque dounc sourti del leyt.) bis.
    Pastous, qu'uno merbeillo, etc.

Ount troubats l'agnelet perdut,
Aquiut aneyt El es nescut ;
Anats dounc en aquel estable
Le beyrets paure, miserable.
Pastourels, oy qu'un dous bounur)
Qu'el bous sio dounat per Saubur.) bis.
    Pastous, qu'uno merbeillo, etc.

A soun bres es la pauretat
Qu'accoumpagno l'humilitat ;
Counetrets en aquelo marquo
Qu'es del Cel le dibin mounarquo
Bethleem, coum' ero predit,)
Y serbis aneyt de reduit.) bis.
    Pastous, qu'uno merbeillo, etc.

Quand prets d'El serets arribats,
A genous toutis prousternats,
Y direts : Souberain Mestre,
Siots louat, car bous play d'estre
Le saubur, le liberatou)
Del mourtal paure peccadou.) bis.
    Pastous, qu'uno merbeillo, etc.

Presentarets les coumplimens
De bostres cors recouneychens

A Mario, bierjo maire
E à Jousep, benasit paire
Que parmi nous aus s'es causit
Le qu'es nescut del Sant-Esprit. } bis.
  Pastous, qu'uno merbeillo, etc.

Des angels ce qu'aben ausit
Que le cel ne sio benasit.
Entounen l'hymne d'allegresso
Que del cor bannis la tristesso
E diguan dins nostres councerts :
Glorio à Diu, pax à l'unibers. } bis.
  Pastous, qu'uno merbeillo, etc.

(Noël du XIX⁰ siècle, composé par Duprat, Pamiers).

XLI

Celebren la neychenço
Del filh de l'Eternel
Dins la rejouissenço,
Canten toutis Noël !
Antounen un cantico
Dins aqueste gran jour
Et dins nostro musico
Benissen soun amour.

Al cel le chor des anjos
Per de charmans councers
Anounço las louanjos
Del rei de l'unibers ;

Que l'infer trefousisco !
Satan es counfoundut ,
Que tout se rejouisco !
Aben nostre salut.

Cesso, cesso la guerro,
Hourrible Satanas ,
Un mainatjou t'aterro
Et te douno sul nas.
Malgre toun tintamarro,
Moustre d'iniquitat,
A soun bras el te sarro,
Te ten ancadenat.

Quitax bostro cabano
Ame joyo, pastous ;
Sans crento dins la plano
Menax bostres moutous ;
La pax es arribado,
Es bengudo dal Cel,
Et le loup dins la prado
Espingo ame l'agnel.

Dal couchant à l'auroro
Dins aqueste gran jour
Tout l'unibers adoro,
Benis le Dius d'amour ;
Fourmen nostro musico,
Canten d'un toun noubel
L'harmounious cantico :
Louanjo à l'Eternel !

(Noël languedocien du XVIIᵉ siècle)

XLII

Un Saubur es nescut,
Nostre salut ;
Abei soun pèro,
Le fil de l'Eternel,
Ses faït home mourtel ,
Per salba 'speccadous , es descendut
⟦   [en terro.⟧

Canten nostre Saubur,
Nostre Saubur,
Nostre Saubur,
Que fa nostre bounur,
Nostre Saubur,
Que fa nostre bounur.

Bei tout se rejouis,
Tout apploudis,
Dins la naturo ;
Les tendres anjelous
Canton milo cançous
A l'aunou daquel Diu per nous fait creaturo.
     Un Saubur es nescut, etc.

Jouguen bei, pastourels
D'aires noubels
Sus la museto ;
Dins aqueste gran jour
Louen le Diu d'amour,
Qu'es nescut dins la neit dal se d'uno bierjeto.
     Canten nostre Saubur, etc.

Fousquèses l'instrumen,
Maudit serpen,
De nostro perto ;
Jaloux de nostre sort
Nous causeres la mort,
Mès un efant nescut ben escrasa ta testo.
Canten nostre Saubur, etc.

Baiten, affroux Satan,
Cruel tyran,
Esprit immounde,
Baiten dins les infers,
Bai rousega tous fers
Un Diu à toun poude, ben t'enleba le mounde.
Canten nostre Saubur, etc.

Al sou das timpanouns
Et das clairouns
Canten la glouèro
Dal rey de l'unibers
Que briso nostres fers ;
Celebren sus l'infer sa brillanto victouèro.
Canten nostre Saubur, etc.

Anaquel Diu puissant per nous efant
Renden houmatge,
Celebren soun amour,
Louen-le tour-à-tour
Et que sio per toujour
Nostre partatge.
Canten nostre Saubur, etc.

Diu ple de caritat
Et de bountat per le coupable,

Bous dounan nostre cor,
Nostre pus bel tresor ;
O dibin efantet qu'ex bel !
Qu'ex admirable !
 Canten nostre Saubur, etc.

Toujoun bous aimaren,
Bous aimaren,
Bous aimaren,
Et bous bierjo jazen,
Bous aimaren,
Toujoun bous aimaren.
 Canten nostre Saubur, etc.

(Noël du Comté de **Foix**, très connu dans le Donnezan,
XVIII⁰ siècle.)

XLIII

LES BERGERS.

Quino clartat brillento
De tout coustat lusis ,
O ! merbeillo stounento
Mous els soun eblouits.
La lumièro nous embirouno,
Es miejo neit e semblo jour
De poou nostr'estoumac frissouno,
Qui bendra nous pourta secours (bis) ?

L'ANGE.

Coussi, pastous, dins uno neit tant bèlo
Auriots dounc poou, crindriots qualqué dangè

Tremblets pas pus, bous pourtant la noubèlo
Que rejouis le mounde tout entiè (bis).

LES BERGERS

Grand messatge que de la cour celesto
Benets troubla un paure pastourel
Digats, digats-nous dounc aquelo grando festo,
Explicats-nous le mysteri noubel.

L'ANGE

A Bethlehem, dins un estable,
Un petit mainatge es nescut
Jamai pus res de tant aimable
De tant charmant n'a parescut (bis).

A qui troubarets le Messio
Despey tant lountems attendut ;
Bey s'accoumplis la professio
Le Saubur del mound'es bengut.

Del se birginal d'uno maire,
Per un prouditge sans pareil,
Es sourtit brillant coumo l'esclaire
Aquel ritche presen del cel :
Anem, marchen, empressen-nous
Anem y rendre las aunous.

Dins un estat tout pitouyable,
Sus un pauc de paillo coulcat,
N'es pos mens le Diu adourable
Que bous cacho sa majestat.

Aneyt sa bountat infinido
Del mounde ben cambia le sort

E sus la terro rejouido
Proudigua tout le siu trésor.

Le rey del Cel, dins sa puissenso,
A l'esclabatge ses librat
E l'esclabo, ple d'esperenso,
Reprend sa douço libertat.

Un Diu que neich dins l'indigenso
Al ritche appren l'humilitat,
E le paure dins sa souffrenso
Per aquel exemple es consoulat.

O amour incoumpréhensible
D'un Diu nescut per nous salba,
Oun sira le cor sensible
Que refusara de l'ayma.

Pastous redoublats de couratge
En arriban sans mes tarda,
As pes d'aquel dibin mainatge
Anats toutis bous prousterna.

LES BERGERS

A bostris pes, Diu tout puissen,
Benen ouffri nostris houmatges,
N'aben qu'un cor per tout présen
Bou le dounan bey sans partatge,
O Diu d'amour ! O nostre paire !
Bous aiman !

Per tant d'amour que pouden faire !
O nostre Diu, bous adouran !
O nostre Paire bous aiman !

CHŒUR DES BERGERS

Anen, marchen empressen-nous,
Anem y rendre las aunous,
A Bethleem, dins un estable,
Le Diu del Cel neïch miserable,
Anem, marchen empressen-nous,
Anen y rendre las aunous.

(Paroles et musique de Paul André, 1848.)

XLIV

UNE VOIX

Lèbo-te, pastourel,
Dins uno tant grando armèlo
N'ausi-ches pas l'Ange del Cel,
Que porto la noubèlo?
    Que dits, que dits
Qu'à Bethleem, dins un estable
Es nescut Jesus-Christ
    Tout admirable.

LES BERGERS

Si aco nes à Bethleem
Coussi pouiren nous faire?
    Anem !
Anem dounc bitomen
Cal pas amusa gaire
    Anem !
Anem beyre aquèlo maire
Dins soun enfantomen.

A l'entour
Bayren grando troupo d'Anges ;
  Tour à tour
Cantaren louanges
Al mestre dal souleil,
Aqui digus n'es pareil,
Bezen la glorio celesto
Del dibin fil de Mario.

LE PEUPLE

Dedins aquel roun blanc
Be y es la santo oustio
Y es le cos et le sang
Dal fil de Mario ;
Anem tout dret à la santo
  Taulo
Anem dounc proumptamen
Receure dignomen.

(Noël du XVIIIᵉ siècle, chanté dans le Comté de Folx.)

XLV

Un joube pastre soumelabo
Dins sa cabano tout soulet.
Dal tens que soumelabo
Enten un angelet,
De sa boux li cridabo
Lebo-te pastourelet.

Que fare yeu, miserable,
Que fare, yeu de moun troupel ?

Le loup toujoun debourable
Ne manjara qualqu'agnel.
Yeu ne soun respounsable
De tout le miu troupel.

Aquesto neyt santificado,
Un Diu nescut ba garda tout,
Miejo neyt es passado
N'ajes pas poou del loup;
Quitto dounc ta cabano,
Abandounogot tout.

Digats-me, moun boun ange
Coussi fare quand y sere ,
Jou nou at sabi gayre
Soun un paure innoucen ;
Digats-me que cal fayre
Le fare brabomen.

Quand seras deban l'estable
A genouillous te boutaras,
Diras : Efant tant aymable
N'y a pas d'autres que bous ,
O Diu tant adourable
Moun cor es tout per bous.

(Noël du Comté de **Foix**, très connu dans le Donnezan.-
XVIII⁰ siècle.)

XLVI

L'ANGE

Pasteurs, éveillez-vous,
Allez voir le Messie,
Cette nuit de Marie
Est né dans un bas-lieu,
Pour qu'il nous sauve tous,
Pasteurs, éveillez-vous,

LES BERGERS

Digats-nous qui ex bous
Que tustats à la porto?
Mounde de nostro sorto
Nou parlen pas frances,
En gardan les moutous
Digats-nous qui ex bous.

L'ANGE

Je suis l'ange Gabriel,
Qui porte la nouvelle
Qu'une mère pucelle
A produit cette nuit
Le fils de l'Eternel,
Je suis l'ange du ciel.

LES BERGERS

Qu'un efant sio nescut
Sans abe cap de paire
Aco n'arribo gaire;
Nous aus nous cresen pas

Qu'aco se sio pouscut
Qu'un efant sio nescut.

L'ANGE

Taisez-vous, mes amis !
Car c'est un grand mystère,
C'est Dieu qui peut tout faire,
Car il est tout puissant ;
Il l'a ainsi permis,
Taisez-vous, mes amis !

LES BERGERS

Toutis d'un boun accord
Le boulen ana beyre
Si bous plai de nous dire
L'endreyt oun es nescut,
Boulen parti d'abord
Toutis d'un boun accord.

L'ANGE

Allez à Bethléem
Entrez dans un étable,
Dans ce lieu misérable
C'est là que vous verrez
Cet enfant nouveau-né,
Allez à Bethléem.

LES BERGERS

Anem dounc proumptomen
San tarda dabantatje
Beyre aquel mainatje
E pourta qualque presen
A la maire jazen,
Anem dounc proumptomen.

TOUS

Per nous laba del peccat
E per nous douna la bido
Naych dins la puretat,
S'aneantis, s'humilio ;
Pot ne trouba mes d'amour
Que Dius le fil de Mario
Pot né trouba mes d'amour
Qu'el nous porto cado jour.

(Noël du Comté de Foix, composé vers le milieu du XIIIᵉ
siècle.)

XLVII

Couren toutis rendre houmatge
A l'efant noubel nescut,
Nous ben tira de l'esclabatge
E nous ouffri le salut.
Qui pourio sans recouneychenço
Beyre uno ta pauro neychenço ?
Per nous salba, le Rey del cel
Se mostro dins le troucel.

O Jesus quino tendresso
Bous abets pel peccadou !
Bous cargats de sa feblesso
Per oubteni soun perdou ;
Bous boulets bous mettre à sa plaço
E del cel subi la disgraçio
Souffri ço qu'el a meritat
Per l'hourrou de soun peccat.

6

Quand un Diu plouro, tridolo,
Qu'un amour deu inspira
Quand per nous aus el s'immolo,
Per el soul tout deu brilla,
Jurens'y proche de sa crecho
Que de so que la rigou precho
Faren, pusqu'at bol atal
Nostre deber capital.

Al brillant councer des anges
Pastourels unissets-bous,
Canten toutis les louanges
D'un saubur tant pietadous;
Benit sio le mestre adourable
Que se rend a l'home semblable
Per desarma, per adouci
Le cel prets à l'englouti.

Pax à la terro, al cel glorio
Dins un tant grand festanal,
Celebren nostro bictorio
Sus le demoun infernal;
Mes sapien ço que deben fayre
A Diu soul nous aus deben playre
Al peccat dins un tant bel grand joun
Cal renounça per toutjoun.

(Noël du XVIIIe siècle. — Dialecte languedocien.)

XLVIII

Canten nostre bounhur
Un fil qu'a Diu per paire
E Mario per maire,
Naich bey, nostre Saubur ;
Homes, sies tout jouyous
D'uno talo naychensso.
Que la recounaychensso
Egale las fabous.

O terro ! qu'un bel jour !
Diu ses fayt creaturo,
Diu a pres ma naturo,
Poussat per soun amour,
El que nes que grandou,
Descen dins un estable,
E deben miserable
Per rendre l'home hurous.

Maynatche tout puissen,
Abîme de tendresso
Per gari ma feblesso
Es feble et guerissen,
E soun paire irritat
Countro l'home coupable,
Quand bex nostre semblable,
Diu, soun fil, es calmat.

Mès qui baurio cregut ?
L'home abe fayt l'ouffenço,

Diu fa la penitenço,
Bounhur inatendut !
La graço douçoment
Garis touto maliço,
La pax et la justiço,
S'embrasson tendromen.

Adam, per soun peccat
Que decimo la raço,
Dins le Cel pus de plaço
Pel genre humain souillat ;
Mes Jesus es nescut,
E pel dibin maynatche,
Le celeste heritatche
Ba nous estre rendut.

(Composé vers le milieu du XVIIIᵉ siècle, ce noël est très
connu dans le Comté de Foix.)

XLIX

Le jour enfin es arribat !
Le fil de Diu be sus la terro,
Ben per destruire le peccat
Pourta la pax, fini la guerro ;
Le demoun tout cargat de fer
Gemis dins les infers ;
Nostre esclabatche es acabat
Ambe la libertat.

Le grand mestre qu'a fayt le Cel
Es couchat dins uno masuro ;

A neit es nescut l'Eternel
Le creatur ben creaturo ;
Dins un estable tout oubert
Sense cap de coubert,
A neit uno bierjo a efantat
Le Diu de majestat.

Las flous y dèben lour coulou,
Les prats y dèben lour bourduro,
Les fruits y dèben lour douçou,
Les blats del receu sa daururo ;
Diu nous a dounat les troupels,
A fayt nayche les aniels,
Tout se qu'aben tout l'y es degut,
E, le paure es tout nut.

Qui creyro que le Rey del Cel
Fousquès reduit dins un estable
Embeloupat dins un troussel ?
A qui es tant, tant miserable
Amago touto sa grandou,
Aco es pel peccadou,
Quel s'es fayt home, que gemis,
Quel enduro et souffris.

L'amour, l'amour la fayt beni
Aquel efant, Ah ? qu'es aymable
Nous ben salba, nous ben gari,
Anem le beyre dins l'estable,
Anen respoundre à soun amour
Paguen-le de retour,
Anen y douna nostre cor
L'amour bal un tresor.

E nou bol ni or ni argent ;
Mestre de touto la naturo
Y agrado pas d'autre presen
Que le cor de sa creaturo ;
Anen respoundre à soun amour
        Paguen-le de retour,
            Anen y douna nostre cor
            L'amour bal un tresor.

Bictimo puro de l'amour,
L'amour l'y a fayt quitta soun trôno,
E souffris la mort per amour ;
Pel nostre amour el ses fayt home,
Anen respoundre à soun amour ,
        Paguen-le de retour,
            Anen y douna nostre cor,
            L'amour bal un tresor.

(Noël du XVIIIe siècle, chanté à Pamiers.)

L

Oun ban tant de pastous amasso ?
Sen ban bese quicon de bel,
O pel Segu ! bel et noubel ;
Et jou m'abansi prendre plaço (bis).
Per abe launou dadoura
L'efantet que nous salbara.

A louro que lalbo clarejo
L'angel nous a dit un grand mout :
Louat sio Diu per dessus tout !

E bounos gens en pax se bejo ;
Anen, pastourels adoura
L'efantet que nous salbara.

Tout efant, coumo l'y play d'estre
Dins un estroup en pauretat
El es en sa dibinitat ;
El es le Christ e nostre mestre,
Anen, pastourels, adoura,
L'efantet que nous salbara.

Acos el le millou messatge
Fayt de la bouco de l'angel,
Anats dounc, per pupla le cel ;
Le Fil de Diu ses fayt mainatge ;
Anen, pastourels, adoura
L'efantet que nous salbara.

Yeu parli mai que nei de leze ,
L'amic, acos prou discourit,
Aprets la mayre le marit,
Meriton qu'on angue les beze.
A que me trigo d'adoura
L'efantet que nous salbara.

(Noël très connu dans le Comté de Foix, et composé vers
le milieu du XVIIIᵉ siècle.)

LI

Aquesto neyt uno bierj'enfantat
Aquel Diu tout aymable
Per nous affranchi de nostre peccat
Es nescut miserable.

L'ange ben de nous announça
Del verbo de Diu la neichenço
A toutis nous ben racheta
Del grand peccat per sa clemenço.
Aquesto neyt uno bierj'enfantat, etc.

A la fabou del rey del cel
Anen, pastous, canta la glorio :
Es nescut le rey d'Israel
Demanden la misericordo.
Aquesto neyt uno bierj'enfantat, etc.

Abandounen nostris troupels,
Embouyen-les sur la mountagno ;
Esclairats per l'astre del cel
Bite, metton-nous en campagno.
Aquesto neyt uno bierj'enfantat, etc.

Anen li ouffri de boun cor
Coumo fasqueroun les tres mages,
Un aniel per nostre tresor
Per ly marqua nostres houmages.
Aquesto neyt uno bierj'enfantat, etc.

El recebra nostre presen,
Couneychen ques de bouno gracio

Mes sans retarda un moumen,
Cambio de cor, cambio de faço.
  A questo neyt uno bierj'enfantat, etc.

Nostro soulo ouccupatiou
Aneyt deu estre la prièro,
Per hounoura le Diu redentou
E que nous porto la lumièro.
  A questo neyt uno bierj'enfantat, etc.

Que sa bountat e sa douçou
Sira per toujours nostre moudèlo ;
Esperen un Diu salbadou,
Per abé la bido eternèlo.
  A questo neyt uno bierj'enfantat, etc.

(Noël chanté dans le Comté de Foix et le Donnezan. —
XVIIIe siècle.)

LII

Pastouros abets prou rouncat ?
Deja deuriots estre lebados ;
Iou bous cresio rebeillados
Despey que le pouil a cantat :
La Bierjo aneit s'es accouchado
D'un efant que ben nous salba.
Anens-y d'uno galoupado,
Se cal leba, se cal leba, se cal leba.

Bestigan-nous et partigan,
Faren lou cami sans lanterno ;

Aneit al cel y a uno luserno
Qu'esclairo fort bes ount anam ;
Despachen-nous per randre houmatge
Al Diu que fa nostre bounhur ;
Anen dounc beire aquel maynatge,
Nostre Saubur, nostro Saubur (bis).

Aici pourtant dibremben pas
Qu'aben à li faire un'ouffrando,
Qu'aquesto oucasiu ba demando ;
Helas nou y pensabets pas !
Nou crejats pas d'estre las soulos
Que li fascats qualque presen ;
Que n'ou prenets qualques poulos
Per la jasen, per la jasen (bis).

Fasen leou, nou badinen pas,
Estudien ço qu'aben à dire ;
Car anfin n'y aurio pas per rire,
Serion aqui dins l'embarras ;
Le coumplimen qu'aben à faire
Merito be prou d'attentiu ;
Car anfin sera per la maire
D'aquel grand Diu, d'aquel grand Diu.

Taleou que siren arribats
Dedins aquel bilen estable,
Là ount nostre Diu secourable
Es nascut per nostres peccats,
L'adouraren dins sa misero,
Aqui beiren la siu bountat ;
Car a pla rassurat soun pero
Qu'ero irritat, qu'ero irritat (bis).

Ai que Satan sera matat !
N'aura pas pus tant de besougno ;
Dejà besi que fa la trougno
Bei que l'infer nous es tampat.
Acos el soul que nous destraco,
Toujour nous ben lanterneja ;
Mais Jesus le met à lestaco,
Pot pas boutja, pot pas boutja (bis).

Bei que le cel es alandat,
Y dintraren sans cap de peno ;
Diu a brisat nostro cadeno,
Nostre affa s'es accoumoudat ;
El nous preparo une courouno,
Per aco Jesus es nescut,
Et dejà besi que mitouno
Nostre salut, nostre salut, nostre salut.

(Noël languedocien, du XVIIIe siècle.)

LIII

O Jesus Diu d'amour
Que nous dounats le jour,
Bous d'ambun fret que taillo
Repaousats sus la paillo
Et patissets per nous
O paures peccadous.

Nous aus bous adouran,
Jesus dibin efan,
Dins la grepio tourrado

De cor et de pensado
D'amo et d'affectiu
Car bous ets le fil de Diu.

Nous crezen fermomen
Qu'ets al san sacromen
E de lors et d'essenço
D'esprit et de presenço
Ambe l'humanitat
E la dibinitat.

Nous crezen que per touts
Mourirets sus la croux
Pel bou et pel belitre ;
Que dambel franc arbitre
Se lon bous es fidel
Nous dounarets le cel.

Bous nou coumandats pas
So que lon nou pot pas ;
Le nigaut et l'habile
Pot trouba ques facile
D'accoumpli dins le tens
Bostris coumandomens.

E dounats pel segu
Prou gracios à cadu
May que lon nou refusè
O que lon nou n'abusè
Cadu pot arriba
Al port et se salba.

Bous demandan moun Diu,
Armats de countritiu,

D'amour et d'esperençio,
Dounats-nous aboundençio,
Per so que may n'aouren.
Et may proufitaren.

(Noël de la Haute-Ariège, du XVIIIᵉ siècle).

LIV

Ave Maria gracia plena.
Mario de gracios claufido
Nous aus bous saludan,
Bous ets la soulèto causido
De Diu per Mèro de soun efan
Qu'es debalat del cel per nous aus,
Et may per tua le peccat
Afin de nous douna repaus.

Dominus pecum.
Le Diu de la celesto armado
Es touchoun d'am'bous,
Per aco bous a preserbado
De l'ouriginal peccat affrous
Qu'Adam en innoucenço creat
Dambe le frut defendut
A toutis les autris tacat.

Benedicta tu in mulieribus.
Bous ets sus toutos las del mounde
Benazido de Diu,
Que le chrestia dounquos se founde

D'intra dedins bostro deboutiou ;
May que nous ajan bostro fabou,
Bostre efantet jamay
El nou nous dira pas de nou.

Et benedictus fructus ventris tui.
Benazit sio bostre mainatge
Et le bentre piusel
Qu'a pourtat sense cap de doumatge
Le qua peno cau dedins le cel.
Benazit tabe le poupelet
Qu'alayto douçoment
De Diu le poulit agnelet.

Sancta Maria Mater Dei.
Si bous play dounc fasets ategne
Al toustou pietadous,
Santo maire de nostre Segne
Les placets des pauris peccadous ;
El ten à sas mas nostre sort
Pregats-le aro per nous
Et à l'ouro de nostro mort.

Ora pro nobis
Peccatoribus meus
Lin hora mortis
Nostræ, amen.

(Noël du Comté de Foix, du XVIIIᵉ siècle.)

LV

Quand le pastre soumeilhabo ⎱ bis.
Dins la cabano tout soulet ⎰
Mes del tems que soumeilhabo ⎫
Entendec un cournet
Que l'anjo quin cridabo ⎬ bis.
Rebeillo-te pastourelet. ⎭

Jou soun l'anjo que t'anounci ⎱ bis.
Que le boun Diu es nescut ⎰
Quitto, quitto ta cabano ⎫
Abandounogot tout ;
Quitto, quitto ta cabano ⎬ bis.
Le boun Diu es nescut. ⎭

Que farè yeou moun boun anjo ⎱ bis.
Que dirè yeou quand y sirè ! ⎰
Yeou nou sabi so que cal fayre ⎫
Soun un paoure innoucen
Apprenets-me so que cal fayre ⎬ bis.
Ad farè braboumen. ⎭

Quand siras daban la porto ⎱ bis.
Te boutaras d'endounouillous ⎰
Cridaras : Diu adourable, ⎫
Nescut dins un estable,
Porti respect à bous, ⎬ bis.
Bous ex le soul adourable
Gnapos d'autris que bous. ⎭

(Noël du Comté de Foix (XVIIIᵉ siècle).

LVI

Dins un estable
Fort miserable,
Un Diu aimable
Bey es nescut
Per nostre (3 fois) salut.

Al cel les anjos
Et les archanjos
Canton louanjos
Al Diu bengut,
Per nostre (3 fois) salut.

Soun accoumplidos
Las proufessios
Su le Messio
Tant attendut
Per nostre (3 fois) salut.

Grotto charmanto
Tu es brillanto,
Fort esclatanto
Per la bertut
Per nostre (3 fois) salut.

(Noël composé à Foix vers la fin du XVIIIᵉ siècle.)

LVII

UN ANGE.

Rejouissets-bous,
Hurouses pastous ;
Cantats de nouels
Ambe les anjels ,
Quittats les pradels
Anats as troupels.
Dins un miserable estable
Aneit es nascut,
Per bostre salut,
Un dibin Efan
Ta bel e ta gran,
Que tout en plouran
attuco satan :
Helas ! o moun Diu, qu'ets aimable !

LES BERGERS.

Rejouiscan-nous,
Hurouses pastous ;
Canten de nouels
Ambe les anjels :
Quitten les pradels
Angan as troupels.
Dins un miserable estable
Aneit es nascut
Per nostre salut,
Un dibin Efan
Ta bel e ta gran,

Que tout en plouran
Attuco satan :
Helas ! o moun Diu, qu'ets aimable !

Adam peccadou,
Sans cor, sans aunou,
Quabios tout perdut
Per un mos de frut,
Abouei nous beiras
Toutis delibrats.
Dins un miserable estable
Descendut del cel,
Le Diu immourtel,
Ben nous ensegna
Coussi cal aima :
A nous aus ingrats,
El porto la pax :
Helas ! o moun Diu, qu'ets aimable !

San brès ni maysou
Le paure agnelou,
Coutchat tout nudet
Prep d'uno paret,
Per couissi n'a re
Qu'un brassat de fe.
Dins un miserable estable,
L'eillou tout gouten
D'aquel inoucen
Ben nous declara
Que nous cal ploura :
Bienhurous sera
Qui l'imitara ;
Helas ! o moun Diu, qu'ets aimable !

Zephir amistous,
O tu qu'es ta dous !
Fay dans tas fabous
Foundre les glaçous ;
D'un iber fatchous
Suspen las rigous.
Dins un miserable estable
Fasets auselous,
Dans bostros cançous,
Tinda les councers
Dins tout l'unibers ;
Cantats à l'aunou
De bostre Segnou :
Helas ! o moun Diu, qu'ets aimable !

Astre bienfasen,
Que del firmomen
Dins nostris balouns
Dardos tous rayouns ;
Soulel, toun esclat
Ben d'estre eclipsat.
Dins un miserable estable,
Te podes passa
De may te leba ;
Le noubel lugra
Nous esclairara :
Al prep del toun lum
N'es qu'un paouc de fum :
Helas ! o moun Diu, qu'ets aimable !

Maudit Lucifer,
Courten dins l'infer ;
Animal arput,

Aco ta calgut :
N'aurios pas cresut
D'estre counfoundut.
Dins un miserable estable ,
Sios soul malhurous,
Gardo tas prisous ;
By podes rouna
Tant que te plaira :
Ja te renouncian
Per siegue l'Efan.
Helas ! o moun Diu, qu'ets aimable !

Quin prou bel presen
Nous aus pourtaren
Al dibin Toustou,
Nostre salbadou,
Qu'en nostro fabou
S'es fayt ta pichou.
Dins un miserable estable,
Beleou el prendra
E accullira
Le plu bel agnel
De nostre troupel ,
Le y cal ouffri tantis qu'en aïci.
Helas ! o moun Diu, qu'ets aimable !

Quin autre presen
Nous aus pourtaren
Al dibin Toustou,
Nostre salbadou,
Qu'en nostro fabou
S'es fayt ta pichou.
Dins un miserable estable ,

Paures pastous qu'en,
Helas ! que pouden ,
Tout nostre tresor
Es un feble cor,
Nous l'y cal ouffri
Tantis qu'en aïci.
Helas ! o moun Diu, qu'ets aimable ?

O Diu pietadous !
Ha ! perdounat-nous,
Paures peccadous,
Benen à genous
A bostres penous.
Fa milo poutous
Dins un miserable estable,
Fasets per retour,
Diu del pur amour,
Dins de cors de roc
Flamba bostre foc ,
Que tant que biuren
Nous aus repeten :
Helas ! o moun Diu, qu'ets aimable !

(Noël du Comté de Foix (XVIIIᵉ siècle).

LVIII

UN BERGER.

Qu'es aco de ta bel,
Pastous, iou besi un anjo
Que remplis le pradel

D'uno clartat estranjo ;
Anguen dounc, coumpagnous,
En touto diligenço
Pla len de sa presenço ;
Anguen dounc, coumpagnous,
Fugiscan, retiren-nous (bis).

L'ANGE.

Qu'in trouble, pastourels,
Quino poou bous ajito,
Et perque des angels
Cregnets bous la bisito ;
Iou bous porti la pax
D'un Diu qu'aneit m'emboyo,
Per metre tout en joyo ;
Iou bous porti la pax,
Perque doun tant bous troublats (bis).

Aici prep es nascut,
D'uno bierjo benido,
Le Saubur attendut
A la raço causido ;
A quos le fil de Diu
Qu'a pres dins sa neichenço
La bostro ressemblenço ;
A quos le fil de Diu,
Bostre rey e mai le miu (bis).

LES BERGERS.

Bous siats le pla bengut,
Benit sio qui bous mando ;
N'abion jamai augut
Uno joyo auta grando ;

Le Saubur proumetut,
Le fil de Diu el memo,
Dins sa grandou supremo,
Le Saubur proumetut
Aici prep el es nascut (bis).

Mes quin es le castel
Dins tout le bezinatge
Que ses troubat prou bel
Praquel dibin mainatge.
Ha ! se nous ats disiots
Y anion toutis en bando
Ly pourta nostr'oufrando ;
Ha ! se nous ats disiots
Quin plase bous nous fariots (bis).

L'ANGE.

N'es pos dins un castel,
Mes dins un biel estable
Repauso aquel agnel ;
Aquel Efan aimable
Es coutchat, le paouret,
Dejous uno teulado,
Sans lançol ni flessado ;
Es coutchat, le paouret,
Dins la grepio, transit de fret (bis).

L'estable n'es pas len,
Anats ambe fisenço
Jusquos à Bethleen
Celebra sa neichenço ;
Aqui le troubarets
Coumo bous e dit quero,

Al se de la misero ,
Aqui le troubarets,
Anats dounc pastourelets (bis).

LES BERGERS.

Gran merces angelet
De bostre hurous messatge ;
Prengan un agnelet
Qu'oufriren al mainatge.
Parten d'aqueste pas,
Serbissets-nous de guido,
D'arriba tant nous trigo ;
Parten d'aqueste pas
Dambe l'agnel le pus gras (bis).

(Noël du canton de Foix (XVIIIᵉ siècle.)

LIX

Fillos courrets leu al bilatge,
Teni soulas al sacrat mainatge,
Qu'es nescut d'uno Bierjo sans paire,
Coum'el al cel neich de Diu sans maire.
Catin porto-ly de poulaillo,
Al toustou que beiras sur la paillo,
Soubengo-te de prengue de pernetos ;
Per coubri sas poulidos carnetos.
Quittats moussus et doumaysèlos,
Bous autros que fasets las bèlos,
Lous afas, parens et la famillo
Per l'amour de l'efan d'uno fillo.

Per fa court, que touto la terro,
Aro qu'es sans trouble ny sans guerro,
Courro bitomen fa la coulado,
Al Segnou que l'an a delibrado.

(Noël langnedocien du XVIIᵉ siècle.)

LX

Accourex pastourels
Jouagnets-bous as angels,
Abey nous ei nascut
Le Saubur attendut (bis).

Se qual bitte pressa
D'ana le bisita,
Ambel y troubaren
Uno Bierjo jazen (bis).

Un stel a brillat,
Dins sa grando clartat
Traçara lou cami
Per nous y coundousi (bis).

Prousternat à genous
De Mario l'espous,
Lèbo las mas al Cel
Remercio l'Eternel (bis).

Mero del fil de Diu
En accourux ai siu,
Y benen adoura
Le que nous salbara (bis).

Per amour incarnat
Es din la pauretat,
Aquesto rudo neit
N'a pos ni foc ni leit (bis).

De pertout repoussat
Sur la paillo plaçat,
Le noubel efantet
Ne greloto de fret (bis).

Sous brassous soun glaçats
Toutis membres tourrax ;
Quino pousitiou
A nostre redemptou (bis).

Din la grepio couchat
D'animals entourat,
Le mestre de la mort
Plouro su nostre sort (bis).

Per l'ingrat peccadou
Ben demanda perdou ;
Se sacrificara
Sur la croux mourira (bis).

A tant de caritat
Que nous a dounat,
Proumeten à Jesus
De n' l'ouffensa pus (bis).

Dounen à nostre tour
Uno marquo d'amour,
Ouffren-l'y nostre cor
Le prefèro à l'or (bis).

Meten-le à sous pès
Al coustat de soun brès.
Per le fè accepta
Et le purifica (bis).

Abans de le quitta
Deben pla supplica,
Aquel dibin agnel
De nous derbi le Cel (bis).

Y cantaren toujoun
Et la neit et le joun,
Ambe toutis angels
Les hymnes les pu bels (bis).

Parten Bierjo d'amour
Daqueste san sejour
Charmadis de bounhur
D'abe bist le Saubur (bis)

Prestis à noun tourna
Gauzan soullicita
Qu'al moumen de mouri
Bengax nous secouri (bis).

(Composé en 1879 par l'abbé Conferon, curé de Bompas, et
mis en musique par M. Béjot).

LXI

Entendi jou les anjos
Del gran palaich del cel,
Es magnifiqu'e bel

Lour councer de louanjos.
Qu'es ço qu'entendi jou ?
Qu'es ço que besi, pastou ?

Flambejon las estèlos,
Esclayron tant le moun,
Que bey la neit en joun
Es cambiado per èlos.
Qu'es aço qu'es ta bel
E que rabis pastourel !

Tressaillissen las serros,
Les balouns, les desers,
E dins tout l'unibers
Toutos las autros terros.
Qu'es aço qu'es ta bel
E que rabis, pastourel !

Sautillon per las prados
Les crabits, les agnels
Penden que les angels
Fan louros serenados.
Qu'es aço qu'es ta bel
E que rabis, pastourel !

Be frayr' un persounatge,
Leste e ple de beutat,
A pas precipitat,
Trabexo l'hermitatge.
Aro pla que faren ?
E qu'es ço que debendren ?

Amic, m'en poudex creyre,
Iou tremoli de poou,

Y aura quicom de noou,
Arribats : benets beyre.
Aro pla que faren ?
E qu'es ço que debendren ?

(Noël composé par M. Labelle, curé de Montoulieu, en 1868.)

LXII

Salut e pax, chèris pastous !
Tramblets pos mès à ma presenço.
Mès puleu, rejouissets-bous
En entendren ma counferenço !
Racountax-nous, anjo del cel,
Ço que se passo de noubel !

(Noël composé par M. Labelle, curé de Montoulieu.)

LXIII

Le Saubur, le Messio
Ta lountens attendut,
N'es finit, es nescut
De la Bierjo Mario.
O moun Diu, qu'un bounhur
Que sio bengut le Saubur !

Aquel efant aimable,
Nescut à Bethleem,
Paür' en tout, plouro, derm

Dedins un pietr' estable.
O moun Diu, qu'un bounhur
Que sio bengut le Saubur !

Al pè d'uno muraillo
Per souffri pel' peccat,
Le troubarets coulcat
Dessus un pauc de paillo.
O moun Diu, qu'un bounhur
Que sio bengut le Saubur !

Quittats bostre paratge
Per l'y fè bey la cour,
L'y douna bostr' amour
L'y randre bostr' houmatge.
Tout d'un cop, en cantan,
Parten. De boun cor, y anan.

Boun salut, cher Messio !
Diu feit home mourtel !
Descendut bey del cel !
A bous amour ! Mercio !!!
Bous, qu'ex nostre Segnur,
Siots tabes nostre Saubur !

(Noël composé par M. Labelle, curé de Montoulieu.)

LXIV

Bene, bene, pastourèlo,
Bene, bene, bitomen ;
M'an appres' uno noubèlo
Que rejouis suromen.

Te bau douna couneychenço
De ço que be d'arriba ;
Bey Jesus a pres neychenço ,
Bey pareich per nous salba.

Es la Bierjo qu'es la maire
D'aquel Diu noubel nescut ;
N'es pos sant Jousep, soun paire,
L'Esprit-San l'a councebut.

Es al couengn d'un paur' estable
Que l'ai bist à Bethleem,
Dins un nauquet miserable
Soun cos su la païllo derm.

San Jousep, santo Mario
Fan ambeis anjos la cour
Al Diu-Efant, al Messio,
L'y proudiguon lour amour.

Aneit m'an dit les archanjos
D'ana decop l'adoura,
En celebran sas louanjos,
N'ai feit jou que l'admira.

A toun tour be, pastourèlo,
Recounegue toun Saubur,
Filh d'uno Bierjo fidèlo.
Filh de Diu nostre Seignur.

Oh ! qu'es bel ! Oh ! qu'es aymable
Qu'es el humble, gracious !
Qu'es magnifiqu', admirable !
Qu'es el patien e dous !

Aneit an cantat les anjos
An publicat sas bountats,
An celebrat sous archanjos
Sas dibinos qualitats.

Be l'y randre ta bisito,
Part. Be, bey, l'y fè la cour ;
Bè, bergèro, part de suito,
Bè beyre aquel Diu d'amour.

(Noël composé en 1861 par M. Labelle, curé de Montoulieu.)

LXV

Oh ! qu'uno merbeilho
Pareich à mous els !
O neit sans pareillo !
Flambejon les Cels.

Amic, benets beyre
De cop arribats,
Se nou boulets creyre
Mens que nou bejats.

CHOEUR.
{
O neit qu'es poulido !
Qu'ai l'esprit counten !
Qu'ai l'amo rabido
E le cor arden !
}

Clarejo la terro,
L'oumbro del baloun
A quittat la serro,
Pertout semblo joun.
    O neit qu'es poulido, etc.

Boundissen las prados,
Sauton les agnels,
Fan de serenados
Toutis les ausels.
O neit qu'es poulido, etc.

Jogon de musiquos,
Se te de councers,
D'hymnes, de cantiquos
Dins tout l'unibers.

CHŒUR.

Jamais symphounio
Nou marchec millou,
Ni cap d'armounio
N'anguec tant per jou.

Es la boux deis Anjos,
Soun louris accors,
Soun pla las louanjos
De louris nau chors.
Jamais symphounio, etc.

Sel Cel es en joyo,
La terro tabes,
Bey Diu nous emboyo
Le Saubur proumes.

CHŒUR.

Bibo le Messio
Qu'aneit es nescut,
Del se de Mario
Per nostre salut.

Ausets soun messatge
Brillant, humbl'e dous,

8

Benets randr' oumatge
Al Saubur, pastous.

CHOEUR.
Anen, frayres, bite,
Anen l'adoura,
Que digus hesite
De l'ana prega.

Salut, san maynatge,
A qui fau la cour,
Recebets l'oumatge
D'un cor ple d'amour.

CHOEUR.
A bous, san maynatge,
A qui fen la cour,
Glorio, pax, oumatge,
Louanjos, amour.

O Fil de Diu paire,
Degnax benazi
Ambe bostro maire,
Nous aus qu'en aci.

CHOEUR.
O Fil de Diu paire,
Degnax benazi
Ambe bostro maire,
Nous aus qu'en aci.

Saubur, Rey suprèmo,
Bey de moun oustal,
Benissets de mèmo
Las gens, le cabal.

CHŒUR. Saubur, Rey suprèmo,
De nostris oustals,
Benissets de mèmo
Las gens, les cabals.

Aro, grand Messio,
Bierges, sous parens,
Salut e mercio
Noun tournan countens.

CHŒUR. Aro, grand Messio,
Bierges, sous parens,
Salut e mercio
Noun tournan countens.

Bibo le Messio
Qu'aneit es nescut,
Del se de Mario
Per nostre salut.

CHŒUR. Bibo le Messio
Qu'aneit es nescut,
Del se de Mario
Per nostre Salut.

(Noël conposé en 1867 par M. Labelle, curé de Montoulieu.)

LXVI

Oh ! que le firmomen es bel !
Neit, qu'es à nous els merbeillouso !
Ya quicon, certos ! de noubel :
Ta clartat es trop radiouso.

Dejà retrounis l'unibers
Deis mes estounantis councers.

Frayres, amics, rebeillats-bous ?
Entendrex causos surprenentos.
Benex ambe nous aus, pastous !
Beyrex las prados rabissentos.
    Yanan, superb'es ço qu'auzen ;
    Magnifique ço que bezen.

Les mounts sautillon de plase,
Le troupel boundis de fieresso.
E jou trepigni dins moun se
D'un bounhur mesclat d'allegresso.
    Pareillo countemplatiou
    Nous pamo d'admiratiou.

Oy ! qu'es ço que descend del Cel ?
Qu'un traçat de routo brillanto !
Tramblen se descen un angel
Ou calqu'estelo flambouyanto.
    Se sarro de poou nostre cor,
    N'es feït. El de frayou se mor.

(Noël composé en 1864 par M. Labelle, curé de Montoulieu.)

LXVII

Amics, d'oun be tant de cregnenço ?
Rebenex de bostr'espaben,
Ajax en yeu bey counfienço !
Soun l'enbouyat del Diu biben.

Escoutats la bouno noubêlo
Que soun cargat de bous pourta.
Sutjet d'uno joyo pla bèlo
Ma boux, la bous ba racounta.

A Bethleem dins un estable
Bous es nescut bostre Saubur
D'un se bierge, sant, admirable,
Home Diu, souberen Segnur.
   Oui, Fil d'uno mèro pla puro
   Ount per amour s'es incarnat,
   El n'a pres de bostro naturo
   L'amo, le cos qu'el s'es dounat.

Pastous, le cor ple d'allegresso,
Anats bite le bisita ;
L'y moustra bostro tendresso,
Bol, un jour, el, bous racheta.
   Près d'un mur, sus un pauc de paillo,
   Rebestit miserablomen,
   Le troubarets. Soun cor nou caillo
   De bous ayma pla tendromen.

(Noël composé par M. Labelle, curé de Montoulieu).

LXVIII

Decop, jous la capo del Cel
S'assemblon de milliouns d'anjos
Que fan al messio noubel
E serenados e louanjos.

Canton à Diu : glorio touchoun
E pax as que l'aymon al moun !

E les pastous, aqui dessus,
Se randen toutis à l'estable ,
Saludon, adoron Jesus
E l'y disen d'un toun aymable :
   O sant maynatge, O Diu d'amour,
   Nostre cor bous be fè la cour !

Benasissets, Emmanuel,
Rey Saubur que le Cel nous douno,
Benasissets nostre troupel,
Nostros gens e nostro persouno !
   Oui, bous qu'adouran à genous,
   Diu tout bou, benasissets-nous !!!

Les fabourits del rey noubel
Toutis palpitans de tendresso
Regagnon lour tet paternel
E canton, rabits d'allegresso :
   Bibo Diu que nous a dounat
   Le Verbo que s'es incarnat !

Oui l'aben bist aquel Saubur
Que s'es feit la lountens attendre ,
Jamès pus un pareil bounhur !
Tabes l'ayman d'un amour tendre ;
   Nous aus tabes, à nostre tour,
   L'ayman aquel Diu ple d'amour.

(Récit composé par M. Labelle, curé de Montoulieu).

LXIX

O moun Diu ! que de merbeillos !
N'abio pos bist de pareillos.
Tout es bel
Al cel.

Sa sereno radiouso
Es a mous els çuriouso,
Soun pos fums,
Sous lums.

Entendi jou de musiquos
Distinguados, magnifiquos ;
D'un toun dous
Les sous.

Canton de bellos louanjos,
Las celebron les archanjos,
En marquant
Lour cant.

N'es pos mens bel sur la terro,
Eychagato nostro serro ,
Qu'es aço ?
Ho ! Ho !

Besi branla la campagno,
La campejo, la mountagno,
Qu'es aço ?
Ho ! Ho !

Sauton tabes las coulinos
Toutos las prades bisinos,
Els agnels
Pu bels.

Be, frayres, un persounatge
Glourious, bel de bisatge,
Qu'un affè
Be fè.

Gaytats-le bous coussi bolo,
Moun amo de poou tremolo,
Nostre cor
S'en mor.

Oh ! perque tant de cregnenço ?
Amics, ajax counfienço,
Aouren pax ?
Digax ?

Oui. Bous porti la noubèlo,
Entre toutos la mès bèlo,
Qu'un hounhur !
Segnur !

Bous es nescut le Messio
Del se bierje de Mario,
Oun l'aben ?
S'es len ?

A Bethleem es l'estable
Ount es aquel fil aimable,
Tout de bou ?
Millou !

Fasets-j'y bostro bisito,
El la bol el la merito ,
Oh ! y anan,
Y anan.

Diu de bounjoun, san Messio !
Beni bous dire : mercio !
Bey bengut,
Salut.

Recebex nostros louanjos,
Nostre Diu e le deis anjos,
Triounphan
Efan !

Benasissets, cher maynatge,
Nous aus e nostre bilatge,
El' troupel
Tant bel !!!

Al se d'aquest'hermitatge,
Bous douni jou per houmatge,
Fauto d'or
moun cor.

Salut aro, Diu Messio !
San Josep, santo Mario !
Boun salut !
Salut !!!

(Noël composé par M. Labelle, curé de Montoulieu).

CHAPITRE II

I

Rebeillats-bous, cherio,
Canten Nadau allegromen,
Lou Hillet de Mario
Nous ba da le saubomen.

En Bethleem, noblo ciutat,
Lou boun Jousep s'en es anat,
L'Emperadou y abec mandat
Que menesse Mario
Qu'era grosso d'un bet goujat,
Mes en touto la bilo
Nou an loutgis troubat.
    Rebeillats-bous, cherio, etc.

Dins l'estable de Bethlemet
Mari agut un bet Hillet,
Tant berouget, tant rousselet ;

Yeou ai grand poou d'uno causo :
Se Jousep, le boun houmenet,
N'era cap à l'estable,
Se mouririo d'heret.
    Rebeillats-bous, cherio, etc.

En anan bers aquet Efan
De nostres biures l'y pourtaran ,
Mes be nous cau garda le camp ;
Quand seren à l'estable,
Forço ribanos l'y daran,
Lou Hillet de Mario
S'en sadourara pla.
    Rebeillats-bous, cherio, etc.

Lous hillets y bolen ana,
Un flajoulet y bolen da,
Per les ensegna a dansa
Et cridaran bittorio !
A qui lou ca que nous moudra
Qu'es aupres de la porto
Per nous gouarda dintra.
    Rebeillats-bous, cherio, etc.

Mes be se soun abenturats,
De grossos tricos soun armats,
Et porton lous esclops herrats
En hasen grano tempesto
Qouan passon per lou perat,
Lou ca qu'es à la porto,
De poou s'en es anat.
    Rebeillats-bous, cherio, etc.

Dins l'estable soun entrats,
Dounan à Mario coumestats ;
« Bostre marit es tout barbat,
Ayssi a praubo cousino,
Bostre Hillet n'a pas dinnat,
Prenets de nostro mico
Que l'y aben pourtat. »
    Rebeillats-bous, cherio, etc.

Yeou l'y douni moun maribot,
Peyre l'y dec soun mantillot
E Juan un boun pareil d'esclops ;
De layt uno bouno tasso
L'y dec a beure Guilhaumot ,
Peyril l'y dec la seu flabuto
Et Miqueu le siu cagnot.
    Rebeillats-bous, cherio, etc.

L'asou se mettec à canta,
Lou beu s'ensajec a dansa
Et a camados a sauta.
Aco ero uno grano causo
De regarda lou beu dansa
E encaro d'ausi l'ase
Que tant bero boux a.
    Rebeillats-bous, cherio, etc.

Tres nobles reys l'an bisitat,
De bets escuts l'y an pourtat
Dedins un cohe (1) pla barrat ;
Lou Hillet de Mario
A espiat de tout coustat ,

_____
(1) Coffre.

Mes a troubat u home
Que l'a espabentat.
Rebeillats-bous, cherio, etc.

Ça dits Mario a soun goujat,
« He, Diu, moun Hill ! qu'aouet troubach
E perqu'es bous tant estounach ? »
— « Jesus ai bist ayssi u home
Qu'ero negre coum'un taupat ;
Qouan yeou ai bist soun bisatge,
Tout le cos m'en a tremblat. »
Rebeillats-bous, cherio, etc.

« Oh ! moun Hill, nou boun cau douta,
Lou maurou bous boou adoura :
Mes pr'abans qu'el boulgats baysa
Labats-l'y dounc la caro,
Que yeou le pesco regouarda ;
Yeou le baysarai aro,
Tant bet bisatge a.
Rebeillats-bous, cherio, etc.

Adiu, Mario, adiu Jousep,
Nouyrissets pla bostre Hillet,
Gouardats-le pla que n'aj' heret ;
Gouardats-le pla de l'asou
Que nou l'y baille un cop de pè ;
Mes serio pla grano causo
Se lou beu lou mourdè.
Rebeillats-bous, cherio, etc.

Oh ! preguen toutis aquet Hillet
Qu'es tant bet, tant rousselet,
Tant dous et tant graciouset,

Que pouscant hè grano hesto,
Cau canta haut per l'amour d'et,
Et beure à pleno testo
D'aquet boun bi claret.
    Rebeillats-bous, cherio, etc.

(Noël du XVIIIe siècle, chanté dans le Couserans. — Dialecte gascon.)

II

Ah ! quin mainatge !
Qouan de grandou !
La terro e lou Ceu qu'en randen houmatge ,
Tout nous announço lou Saubadou.

Qu'aouet bist, troupo fidèlo ?
Pastous qu'aouets entenut ?
Apprenguei·nous la noubèlo
Que pertout hè tant de brut.
    Ah! quin mainatge ! etc.

Aquero estelo brillanto
Que sur Bethleem luseich,
La boux de l'Anjou que canto,
Tout u Diu bens descoubreich.
    Ah ! quin mainatge ! etc.

Poples, què dins l'esclabatge
Aouets bersat tant de plous,
Reprenguets aouè couratge,
Lou Ceu que s'oubreich per bous.
    Ah ! quin mainatge ! etc.

Per lou plus grand dets miracles
Lou Messi proumettut,
Suivant lous anciens ouracles
Dou Ceu per nous qu'ei badut.
    Ah ! quin mainatge ! etc.

Lou meste de la naturo,
Diu puissant, Diu eternau,
Per sauba sa creaturo
Que debien feble e mourtau.
    Ah ! quin mainatge ! etc.

Cargat de noustes auffensos,
Que s' he l'home de doulous,
Que pren sur èt las souffrensos
Que deben caje sur nous.
    Ah ! quin mainatge ! etc.

Quin amou, quino tendresso !
Diu s'es het semblable à nous,
Mes debet tant de feblesso
Qu'ens descoubreich tant de grandou !
    Ah ! quin mainatge ! etc.

Hill de Diu e Diu et-même,
O spectacle tout charmant !
Que quitte la cour suprème
Per nous tira dou neant !
    Ah ! quin mainatge ! etc.

(Noël en dialecte du Couserans, chanté dans le canton de
Saint-Girons. — XVIIIᵉ siècle.)

III

Celebren la nechenso,
De nouste aimable saubadou ;
Plens de recounechenso,
Adouren sa grandou.

Voici lou tens tant attenut,
Lou Messi qu'es descenut,
Nouste enemic qu'ei couhounut.
Diu hineich nouste guerro,
E lou plus grand de touts lous bès,
La pax dessus la terro
Que règno per jamès.
    Celebren la nechenso, etc.

Diu eternau, coumo lou Pay,
Ech s'incarno au se d'uo may,
E bou debiene nouste fray.
Meste de la naturo
Que cacho touto sa grandou
Dejouts l'umblo figuro
Dech home peccadou.
    Celebren la nechenso, etc.

O Saubadou plen de bountat,
Si bous nou m'abits tant aimat,
Que jamai n'auria rachetat ?
L'ourginal auffenso
Lou Ceu d'abord m'a enlebat,
Mes per boste nechenso
Moun sort qu'ei tout cambiat.
    Celebren - la nechenso, etc.

A l'exemple dou Saubadou
Enta respoune à soun amou,
D'un cor soulet auran-nous prou ?
Counsacren sans partatge
Noustes desirs, noustes actious
Au benadich menatge
Que bien souffri per nous.
Celebren la nechenso, etc.

(Noël du Couserans, du XVIIIᵉ siècle.)

IV

L'angel Gabriel
Ba anounça à Mario,
Bierj' aymablo :
Bous bengui anounça
Lou Hill de Diu bous cau pourta.

L'angel Gabriel
L'en pourtarai yeou gouayre,
Bierj' aymablo,
Nau meses l'en pourtarets,
La noustro bierje bous serets.

L'angel Gabriel,
Nou y aura degus may,
Bierj' aymablo,
San Jousep, bostr' espous,
Sera toutjoun d'ame bous.

L'angel Gabriel,
Nou y aura degus may,

9

Bïerj' aymablo,
Lous angeus y seran
Que toutjour bous adouraran.

L'angel Gabriel,
En quin païs serai yeou ?
Bierj' aymablo,
Dins la prado de Bethleem,
Dins l'estable tout oubert al' ben.

L'angel Gabriel,
Ne serai yeou soulèto ?
Bierj' aymablo,
Lous pastous y seran
Que toutis bous adouraran.

L'angel Gabriel,
Nou y aura degus may ?
Bierj' aymablo,
Lous mages y seran
Que toutis bous adouraran.

L'angel Gabriel ,
Nou y aura soulel ni luno ?
Bierj' aymablo,
L'astello parira
Que toutis nous esclayrara.

L'angel Gabriel ,
L'astello adebant marchabo,
Bierj' aymablo,
En Bethleem les coudousic ,
Per ana bese Jesus-Christ.

L'angel Gabriel ,
Lous mages toutis rabidis,

Bierj' aymablo,
Dins l'estable soun entrats
Lou Hil de Diu an adourat.

L'angel Gabriel,
L'astello s'es couchado,
Bierj' aymablo,
Lous mages an entrat
Lou Hil de Diu an saludat.

L'angel Gabriel,
Les tres Reys Diu cercabon.
Bierj' aymablo,
Dins l'estable an entrat,
Lou Hil de Diu an adourat.

L'angel Gabriel,
Lous pastous se regouardabon,
Bierj' aymablo,
Miserablomen es loutjat,
Lou Hil de Diu es mau couchat.

L'angel Gabriel,
N'an entenut noubèlos,
Bierj' aymablo,
En Bethleem an bengut
Per bese Diu oun es nescut.

L'angel Gabriel,
Las oueillettos n'an quittados,
Bierj' aymablo,
Lou Hil de Diu n'an troubat,
Lou boun Jesus n'an adourat.

(Noël du Couserans, du XVIIIᵉ siècle.)

V

Aro que Diu es descenut
Per recatta l'home perdut,
Canten toutis à nostro hesto,
Praquesto hesto, praquesto hesto.

La Bierjo efanto soun Diu
E se met en grand' débouciu
Qouan bets le Diu de las bataillos,
Dessus las paillos, dessus las paillos.

E Jousep, le boun houmenet,
En manejan soun angelet,
Actes d'amour l'y presentabo,
Qouan l'adourabo, qouan l'adourabo.

L'Angel dits as pastourels
Qu'abandounesson les troupels,
Qu'anessen beyre las merbeillos
Sense pareillos, sense pareillos.

E sus le punt de miejo neyt
Ban adoura le bet hillet,
E las aueillos an quittados,
Dessus las prados, dessus las prados.

Tres nobles Reys, benguts de legn,
Ban adoura dins Bethleem
Am'un estello qu'an seguido,
Qu'ero lour guido, qu'ero lour guido.

Eris ouffrissen de boun cor
Myrrho, ences et de bet or,
Tres présens en recouneychenso
De sa neychenso, de sa neychenso.

Preguen toutis l'Efant noubeu
Que nous amene dins le Ceu
Per que canten sas louanjos
Ame las anjos, ame las anjos.

(Noël du Couserans, du XVIIIᵉ siècle.)

VI

Nadau ! per amor de Mario
Canten, pastous, allegromen,
Puisque aneit Mario,
S'es accouchad' hurousomen.

Jousep e la Bierjo Mario
Arribon en Bethleem trop tard
E nou trobon oustalario,
Ni lotjoment en cap de part.
Aquer' ingrato poupulaço
Nou boou bese, ni ausi,
Tout le moun lous crido, les casso,
Eris an grand gauch de hugi.
    Nadau ! per amor de Mario, etc.

Atau, sans abe de retreyto,
La Bierje sent l'hour' approucha
Que bouno mero s'era heyto,

E qu'ero se deu accoucha.
Ero s'en bey à la carrero,
Aquet sort es soun crebo cor,
Mes counsoulado ero b'espero
Que Diu proubesira en cor.
Nadau ! per amor de Mario, etc.

Jousep que serco et que recerco,
Tout es bail et tout estreus,
Enfin de bet legn remerco
Qouanques parets et qouanques peus ;
Horo de la bill' et del barri,
Un loc miserabl'e catiu,
Toco soun beou et soun harri
E met la Bierje aquiu.
Nadau ! per amor de Mario, etc.

Establats en aquera granjo,
(La bertat nous hai parl' atau
Puisque Jesus, caus' estranjo,
N'a pas troubat un mos d'oustau).
La Bierjo que sent bengue l'houro
Dits, d'un' amourouso boux,
A Jousep que de regret plouro
Qu'el angue cerca un pau de lux.
Nadau ! per amor de Mario, etc.

Jousep nou hourec pas dehoro
Que beleu miracle huch heyt.
La Bierje n'es horo de moro,
A efantat à mièjo neyt :
Tournats, Jousep, tournats biste,
Benque n'ajats-lux troubat,

Praco nou siots pos mes triste,
Gouardats, le soulel s'es lebat.
    Nadau ! per amor de Mario, etc.

Qouan Jousep tourno de la quisto
De l' hoc et trobo l'éfant bazut
Que rejouis soun amo tristo
Et n'ac' auro jamay crésut ;
La may, en bésen sa gracio
Nou poudio prou s'asadoura
De regouarda sa bero faço
Touto rabido de l'adoura.
    Nadau ! per amor de Mario, etc.

(Noël du XVIIIᵉ siècle. — Dialecte gascon.)

VII

Helas qu'une noubèlo
Begui yeou sabe :
Qu'uno bierjo-mèro
Ajo de leyt al se,
E que doun'a poupa
A un hil sense payre ;
E que doun'a poupa
Au que nous deu salba.

Dins Bethleem se permenon,
En cercan un loutgis,
En prenen tant de peno
N'an troubach qu'un toudis,

Ount sense doulou
Elo s'es accoutchado,
Oun sense doulou
A heyt nostre segnou.

Dins un barquet pla piestre
Despaus' aquel grand Diu,
Paurot a boulgut estre
E riche d'affectiu ;
Sus un pauc de fe
Elo s'es accoutchado,
Sus un pauc de fe
A pausat nostre be.

Mais be coumenço d'houro
A pati le grand Diu !
De bese coussi plouro
N'y a per he coumpassiu ;
Ech souffris per nous
E per nostros misèros,
Ech souffris per nous
De cruelos doulos.

Sa mayetto l'embrasso
Per que n'ajo herech ;
Baillo uno bourrasso
A un boun houmenet,
Qu'es tout empressat
A l'y cahoua las pernos,
Qu'es tout empressat
A l'y teni escahouat.

Dins l'ayre n'ausiech pas gens,
N'ausiecht pas las cansous,

N'ausiech pas lou cant des anjes,
Que cridon as pastous ?
N'ausiech pas qu'un Diu
S'es rendut miserable,
N'ausiech pas qu'es nescut
Dins la grepio tout nut.

Ah ! Guillem, yeou n'ausissi
Le prumie des pastous ;
A Bethleem anen toutis,
Quitten nostres moutous,
Anem beyre lou frut
D'aquèlo santo mayre
Qu'aneyt es nescut
Dins la grepio tout nut.

Sus aquel paraulatge
Toutis bolen y ana,
L'un dits pourten froumatge,
L'autre pourten de pa ;
Per estre bien bengut,
Pourten draps à sa mayre
Car aneit es nescut
Dins la grepio tout nut.

En estren à l'estable,
Jousep s'es estounat ;
Bets àyssi un miracle,
Atal es arribat ;
L'efant qu'ero nescut
D'aquelo santo mayre,
Sera recouneychut
Dins la grepio tout nut.

Un lurgat tres reys meno
Dedins aquet toudis,
Per douna lour'streno
Al rey del paradis ;
Pey s'en ban d'ame poou
Per l'y salba la bido,
Pey s'en ban d'ame poou
Per l'y garda de moou.

Reyno de tout le mounde,
Fasets-nous bese un joun
Per dessus l'autre mounde
Aquel Diu plen d'amour ;
Puisque ja nou pouden
Parce qu'en tard bengudis,
Puisque ja nou pouden
Le beyre a Bethleem.

(Noël du Couserans, du XVIIIe siècle.)

VIII

Hillètos, sourtiech de la tuto,
Ausissech las lamentatious
De las mayres d'aques toustous
Quel' rey Herodo persecuto,
Se crezio hè mouri aneyt
Le ques nescut à miejo neyt.

Ech a deputat pes bilatges,
Pes carrofours et pes cantous,
En guiso d'homes, loup-garous

Que debouresson les maynatges
Qu'eron nescuts despey dus ans,
Sio dins la bilo sio as camps.

Sa cruautat n'es arribado
Jusqu'os al' hilh de soun oustal ,
Se crezio hè mouri atal
Lou quel's tres Mages adourabon ;
Certos es estat pla troumpat
Car Jousep le s'en a menat

Dins l'Egypto d'ame sa mayre,
Per le coumandoment de Diu,
Que nou boutgesson pos d'aquiu,
Qu'uno tempesto ero dins l'ayre,
Que nous tournesson dins soun fort
Quel' rey Herodo nou huch mort.

E nostros mayres affligeados
De beyre tant de cruautat
Cridon : Moun Diu, ajats pietat
D'aquetos pauros delaissados,
Salbats la bido as toustous
Que soun persecutats per bous !

Cruel bourreu, sa dits la uno,
Tourno ta cruautat sus yeou,
Salbo la bido al miu toustou
Qu'a mes de tres ans acabadis,
Se nou m'en bos crese, aumens,
Regardo-ly un pauc las dens.

Une autro se besen segudado,
L'a catchat dins un trauc de roc,

Mes be y a pla serbit de poc :
Et memo toustem l'y demando
Am'sous petits plours de mouri,
Per la glorio d'aquet Dauphi.

Que serbissen tas diligençots,
Herodo, per troubla le Rey ;
Tu te troumpos dins ta ley ;
Be ne pagaras las souffrençots
Qouan les bermes te presaran
E tout biu te debouraran.

E bous qu'ame tant d'allègrio,
E parmi toutis les martyrs,
Harets rempli nostres desirs
Prets del toustou, hil de Mario,
Per tout ce qu'abets endurat
Suito que nous husque dounat.

(Noël du Couserans, du XVIIIᵉ siècle.)

IX

Segnetou qu'es nescut !
Ount ? ount ? ount !
A Bethleem.

CHŒUR DES BERGERS

Aquech Diu tant adourable
Que n'ey nescuch dins un estable !
Ja y bau, ja y bau
Ana adoura Jesus coum' cau.

UN SEUL.

Bos y ana tu, Jouan-Guillem,
Adoura Jesus en Bethleem,
Aquech Diu tant adourable
Que n'ey nescuch dins un estable,
Ja y bau, ja y bau,
Adoura Jesus coum' cau.

AUTRE.

Bos y ana tu, Bourthoumiu,
Ana adoura le hil de Diu,
Aquech Diu tant adourable
Que n'ey nescuch dins un estable,
Ja y bau, ja y bau,
Adoura Jesus coum' cau.

TOUS.

Bourthoumiu et Juan-Guillem,
Anem toutis à Bethleem,
Aquech Diu qu'es tant aymable
Que n'ey nescuch dins un estable,
Sans plus tarda, sans plus tarda :
Anem toutis per l'adoura.

(Noël du Couserans, du XVIIIe siècle.)

AVERTISSEMENT

La plupart des Noëls faisant partie de notre Recueil n'ont pas été orthographiés d'après les règles que nous donnons en tête de ce livre.

En respectant les manuscrits qui ont servi à la composition de notre opuscule nous avons voulu montrer que, suivant les auteurs, le patois était écrit de différentes manières, et qu'il était utile, par ce temps de renaissance romane, d'adopter une orthographe uniforme, basée sur des règles aujourd'hui établies par les Félibres.

TABLE DES MATIÈRES

Foix, imp. Pomiès. 15.

DESCLÉE, DE BROUWER & Cie

LILLE, RUE ROYALE, 26.

NOELS ANCIENS

ants de Noël, mélodies populaires anciennes, notées
et harmonisées pour piano ou harmonium et chant,
par P. Busschaert.

ouze chants. Le numéro, édition de luxe.... **0,50**

numéro, édition ordinaire.............. **0,25**

s douze numéros, réunis dans un élégant portefeuille,
orné de chromo-lithographies sur les plats .. **6,00**

www.ingramcontent.com/pod-product-compliance
Lightning Source LLC
Chambersburg PA
CBHW072055080426
42733CB00010B/2130